武汉大学刑事法研究中心承担的中欧死刑合作项目
"进一步推进中国死刑制度改革"成果之二

项目负责人　莫洪宪

中国当代死刑制度改革的探索与展望

主　　编　莫洪宪

执行主编　叶小琴

中国人民公安大学出版社
·北京·

图书在版编目（CIP）数据

中国当代死刑制度改革的探索与展望/莫洪宪主编.—北京：中国人民公安大学出版社，2012.6

ISBN 978 - 7 - 5653 - 0885 - 7

Ⅰ.①中… Ⅱ.①莫… Ⅲ.①死刑—司法制度—体制改革—研究—中国 Ⅳ.①D924.124

中国版本图书馆 CIP 数据核字（2012）第 123124 号

中国当代死刑制度改革的探索与展望
主编 莫洪宪

出版发行：	中国人民公安大学出版社	
地　　址：	北京市西城区木樨地南里	
邮政编码：	100038	
经　　销：	新华书店	
印　　刷：	北京兴华昌盛印刷有限公司	

版　　次：	2012 年 6 月第 1 版
印　　次：	2012 年 6 月第 1 次
印　　张：	7.875
开　　本：	880 毫米×1230 毫米　1/32
字　　数：	210 千字

书　　号：	ISBN 978 - 7 - 5653 - 0885 - 7
定　　价：	30.00 元

网　　址：	www.cppsup.com.cn	www.porclub.com.cn
电子邮箱：	zbs@cppsup.com	zbs@cppsu.edu.cn

营销中心电话：010 - 83903254
读者服务部电话（门市）：010 - 83903257
警官读者俱乐部电话（网购、邮购）：010 - 83903253
法律图书分社电话：010 - 83905745

总　序

　　死刑制度改革是事关我国刑事法治发展和人权保障的大事，我国的死刑制度改革也一直牵动着世界的"神经"。第二次世界大战后，死刑的限制与废除超越了国内法限度，被国际社会和国际人权公约确认为"文明国家的发展方向与目标"。自20世纪90年代中后期以来，随着我国社会的发展进步，死刑问题逐渐引起了我国社会的关注，在历经激烈的存废之争后，走上了务实的限制与废除死刑之路，当前我国死刑制度改革正朝着文明法治国家的目标阔步迈进。近些年我国死刑制度改革的举措彰显了国家的日益开放与进步，也因此赢得了国际社会越来越多的掌声与积极支持。

　　我关注死刑制度改革虽已多年，但真正以项目的形式展开研究始于10年前。2003年7月，中欧法律合作大型项目"加强中华人民共和国死刑案件的辩护"启动，该项目旨在通过对死刑案件辩护律师的技能培训，提升死刑案件辩护质量。作为项目参加方之一，我领导的武汉大学学术团队承担起该项目在湖北省武汉市的实践。2006年3月，在全国人大常委会法工委刑法室的鼎力支持下，由北京师范大学刑事法律科学研究院院长赵秉志教授牵头，联合我所在的武汉大学刑事法研究中心、爱尔兰人权中心、德国马普外国刑法与国际刑法研究所、英国伦敦死刑项目研究所等中外机构，再次共同申请了中欧合作项目"中国死刑制度改革研究"。在该项目中，武汉大学刑事法研究中心学术团队一方面在法学院开展了10期死刑改革公众论坛，旨在提升民众的死刑观念；另一方面与德国马普外国刑法与国际刑法研究所共同承担了"中国当前死刑民意研究"子项目。该子项目采取实证方法，以我国"两省一市"（即湖北省、广东省和北京市）普通民众和专业人士的死刑态度问卷调查数据为依据，展现了我国普通民众和专业人士对死刑的看法。2009年10月，该项目圆满完成，研究成果于2010年6月由我国台湾地区元照出版公司出版。由于项目采取的是科学主义研究方法，结论系基于实证数据分析对比取得，具有较强的可信度，深得国内外同行的广泛赞誉。

本项目暨"进一步推进中国死刑制度改革"是武汉大学刑事法研究中心承担的第三期大型死刑合作项目，从渊源上讲，是对前期中欧死刑合作项目的承继和发展。本项目由武汉大学刑事法研究中心独立承担，时间从2008年底批准至2012年6月，历时三年半，具体包括两个子项目，即"毒品犯罪死刑适用的全球考察及其对中国的借鉴"和"法官理念提升与我国死刑限制适用"。前者我们主要以毒品犯罪死刑问题为切入点，重点研究我国毒品犯罪死刑限制与废除路径；后者希望通过对我国刑事法官进行成系列的高级培训，促进现代司法理念在死刑案件审判中的贯彻，推动我国死刑制度的进一步改革。自2009年1月该项目在云南省昆明市启动以来，项目各方密切合作，严格执行项目协议，在社会各界的鼎力支持下，进展十分顺利。为了保障"毒品犯罪死刑适用的全球考察及其对中国的借鉴"子项目的高质量完成，我们项目研究团队30余次亲赴我国云南省及其所辖市州进行实地考察调研，组织、策划了一系列学术活动，通过与试点法院共同努力，起草了《Y省毒品犯罪死刑裁量指导意见》（学术建议稿）和《Y省审理毒品犯罪案件证据认定指导意见》（学术建议稿），对审判实践产生了积极影响。为了圆满完成"法官理念提升与我国死刑限制适用"子项目，我们进行了大量的前期调研，在相关高级人民法院的大力支持下，三年多来我们分别在湖北省武汉市、河南省郑州市、陕西省西安市、甘肃省兰州市、云南省昆明市以及广东省广州市举办了六期高质量刑事法官培训暨"推进中国死刑限制与废除高级研修班"。此外，在英中协会的精心策划安排下，项目组还于2009年9月和2011年6月两次赴英国进行实地学术交流访问，学习英国先进的司法理念与制度以及有关毒品犯罪的应对策略。

这里呈现在大家面前的《中国当代死刑制度改革的探索与展望》、《毒品犯罪的刑事政策与死刑适用研究》及《我国毒品犯罪及死刑适用调研报告》三本著作是本项目系列成果，凝结着项目组全体成员三年多来的探索与思考。项目能够顺利开展，得益于项目出资方、管理方及社会各界的友好支持与帮助！衷心感谢欧盟、英国外交及联邦事务部多年来对我国法治发展与进步的关注与友好资助！感谢项目管理方英中协会对项目的指导及在项目执行中倾注的辛勤劳动！感谢最高人民法院专家领导、云南省高级人民法院、湖北省高级人民法院、河南省高级人民法院、甘肃省高级人民法院、陕西省高级人民法院、广东省高级人民法院、云南省昆明市中级人民法院、云南省德宏傣族景颇族自治州中级人民法院、中国人民公安大学出版社以及我国著名刑法学家高铭暄教授、马克昌教授、赵秉志教授、龙宗智教授、宋英辉教授、爱尔兰人权中心前主任威廉·沙巴斯教授等国内外社会各界对项目的诸多帮助与支持！项目成果能够对推动我国法治进步和死刑制度改革有所助益，是我们最大的心愿！

莫洪宪

2012年4月30日

目　录

前　言 ………………………………………………………… （1）

专题 I　死刑改革的宏观问题

一、死刑与国际法律标准
　　…… ［加拿大］威廉·沙巴斯（William A. Schabas）（3）
二、国际人权法与死刑
　　……………………… ［爱尔兰］肖恩·达西（Shane Darcy）（16）
三、欧洲废除死刑的动态与实例
　　……………………… ［英］卡洛琳·霍伊尔（Carolyn Hoyle）（23）
四、我国刑事立法的重刑倾向与《刑法修正案（八）》（草案）
　　对涉及死刑等问题的修改 ……………………… 黄太云（43）
五、刑事诉讼法再修改与刑事诉讼实践 ……………… 龙宗智（54）
六、宽严相济刑事政策下的死刑走向 …………… 贾　宇（69）

专题 II　死刑案件的证据适用

七、从"两个证据规定"谈死刑案件证据的审查
　　判断 ……………………………………………… 宋英辉（85）
八、对"两个证据规定"的解读 ……………… 龙宗智（101）
九、死刑案件的证据标准 ……………………… 刘广三（113）

十、司法鉴定意见的审查、质证、认证纲要 ……… 余沁洋（122）

十一、英国刑事司法系统下的量刑与证据

………… ［英］米歇尔·麦提亚（Michael Mettyear）（167）

专题 III 具体犯罪案件的死刑适用

十二、故意杀人罪和故意伤害罪的死刑适用 ……… 高憬宏（177）

十三、毒品犯罪的死刑适用 ………………………… 高贵君（187）

十四、重大毒品犯罪量刑情节的分析与实际把握 … 郑蜀饶（198）

十五、毒品犯罪案件适用法律和审查证据的

若干问题 ………………………………… 方文军（209）

十六、欧洲大陆国家刑事案件的赔偿体制

………… ［葡萄牙］莫妮卡·罗玛（Monica Roma）（219）

十七、刑事案件中的被害人参与问题

………… ［英］米歇尔·麦提亚（Michael Mettyear）、

［爱尔兰］肖恩·达西（Shane Darcy）（235）

前　言

自 2007 年 1 月 1 日最高人民法院收回死刑核准权以来，我国死刑制度改革取得了重大进展，司法实践中死刑适用被进一步严格控制，也出现了宽严相济刑事政策与死刑适用、自首等量刑情节与死刑适用等诸多疑难问题。为进一步推进我国死刑制度改革，武汉大学刑事法研究中心于 2008 年 11 月成功申请并主持了"进一步推进中国死刑制度改革"项目。项目资助方为欧盟（European U-nion）与英国外交及联邦事务部（British Foreign & Commonwealth Office），项目组由我国已故著名刑法学家马克昌先生担任顾问，武汉大学刑事法研究中心主任莫洪宪教授任负责人。"进一步推进中国死刑制度改革"项目通过以下两方面活动来进一步限制和减少死刑的适用：（1）法官能力建设及理念的提升；（2）在试点法院制定和实践更为严格的量刑和证据采信规则。前一项目目标即为"法官理念提升与我国死刑限制适用"子项目，本书为该子项目的成果。

"法官理念提升与我国死刑限制适用"项目主要活动分为两方面。一方面是武汉大学刑事法研究中心针对湖北、河南、云南、广东、陕西、甘肃六省死刑案件审判中的疑难问题展开调研，搭建刑法理论工作者与刑事审判人员的合作研究平台，并以审判实践为导向筛选培训专题；另一方面是通过湖北省高级人民法院、河南省高级人民法院、云南省高级人民法院、陕西省高级人民法院、甘肃省高级人民法院、广东省高级人民法院的支持，对六省审理死刑案件的中级人民法院及高级人民法院法官、省人民检察院检察官开展专题培训活动。武汉大学刑事法研究中心分别于 2009 年、2010 年、2011 年在武汉与郑州、兰州与西安、广州与昆明共主办三轮六期"法官理念提升与我国死刑限制适用"研修班,每期研修班与会法官约 30 人,检察官 3 人。

研修班主讲人是国内外对死刑适用相关问题有深度思考的资深法官、立法工作者或学者,本书包括了研修班及相关研讨会主讲人的精彩讲演,对于死刑改革中的重大问题均有论述。具体而言,各主讲人的发言时间及主题如下:

(1) 2009 年 11 月武汉研修班:

肖恩·达西(Shane Darcy):《国际人权法与死刑》

刘广三:《死刑案件的证据标准》

(2) 2009 年 11 月郑州研修班:

米歇尔·麦提亚(Michael Mettyear):《英国刑事司法系统下的量刑与证据》

高憬宏:《故意杀人罪和故意伤害罪的死刑适用》

余沁洋:《司法鉴定意见的审查、质证、认证纲要》

(3) 2010 年 9 月兰州研修班:

黄太云:《我国刑事立法的重刑倾向与〈刑法修正案(八)〉(草案)对涉及死刑等问题的修改》

高贵君:《毒品犯罪的死刑适用》

米歇尔·麦提亚(Michael Mettyear)、肖恩·达西(Shane Darcy):《刑事案件中的被害人参与问题》

(4) 2010 年 9 月西安研修班:

贾宇:《宽严相济刑事政策下的死刑走向》

龙宗智:《对"两个证据规定"的解读》

莫妮卡·罗玛(Monica Roma):《欧洲大陆国家刑事案件的赔偿体制》

(5) 2011 年 3 月北京中期评估研讨会:

卡洛琳·霍伊尔(Carolyn Hoyle):《欧洲废除死刑的动态与实例》

（6）2011 年 9 月广州研修班：

威廉·沙巴斯（William A. Schabas）：《死刑与国际法律标准》

方文军：《毒品犯罪案件适用法律和审查证据的若干问题》

龙宗智：《刑事诉讼法再修改与刑事诉讼实践》

（7）2011 年 9 月昆明研修班：

郑蜀饶：《重大毒品犯罪量刑情节的分析与实际把握》

宋英辉：《从"两个证据规定"谈死刑案件证据的审查判断》

专题 I

死刑改革的宏观问题

一、死刑与国际法律标准

［加拿大］　威廉·沙巴斯（William A. Schabas）

【专家简介】　威廉·沙巴斯（William Schabas），著名国际刑法、国际人权法专家，现为爱尔兰国立大学（高威）爱尔兰人权中心国际人权法教授，英国密德萨斯大学教授。曾任蒙特利尔大学法律系主任，并曾执教于蒙彼利埃大学、日内瓦大学、巴黎第十大学等国际知名学术机构，2005 年，获得加拿大最高公民荣誉勋章。其任职的爱尔兰国立大学爱尔兰人权中心已与中国社会科学院法学研究所、北京大学等多个科研机构、高校建立了交流合作关系。其本人不仅多次来华讲学、访问，而且亦已被诸多国内机构聘为名誉教授。

自 19 世纪各国开始将死刑适用规定纳入引渡条约起，死刑就已成为一个国际社会共同关注的问题。要求引渡国承诺不对被引渡人适用死刑并以此作为引渡的前提条件这一做法一直持续到了今天。1929 年，国际社会通过了与武装冲突受害人待遇相关的早期《日内瓦公约》。该公约规定了各国在战俘死刑适用方面的义务。第二次世界大战后，死刑逐渐成为日益增多的国际人权法的中心议题。

死刑问题有两个方面：一个是完全废除死刑，这是进步的做法；一个是要求那些仍在适用死刑的国家限制死刑的适用。就前者而言，国际人权法鼓励各国废除死刑，以防止死刑被废除后再度死灰复燃；就后者而言，旨在限制死刑适用的准则可谓众多，在习惯国际法和条约法中都可找到其依据。

一、死刑的废除

为了分析世界各国的死刑做法，我们将所有国家分成了以下几类：

第一类是那些废除了法律规定的所有死刑类别的国家。目前，全球大约有 100 个国家属于这一类别，且正在以每年 2～3 个国家的速度增加。2009 年末，联合国对最近 5 年内世界各国的死刑适用情况进行了调查。结果显示，97 个国家废除了法律中规定的所有死刑类别，而 2004 年调查时只有 80 个国家。因此，在这 5 年中，全球有 17 个国家加入了完全废除死刑的国家行列，而这些国家在同期内均未恢复死刑。

第二类是那些废除了所谓的"一般犯罪"死刑的国家。20 世纪 70 年代，联合国开始就死刑适用进行调查统计。当时，相当多的国家都自诩为主张废除死刑的国家，但实际上，它们对某些特殊犯罪——如叛国罪和某些战时犯罪——仍保留了死刑。这一特征在某些国际条约中也有所体现：在这些条约中，一些国家声称自己已经废除了和平时期的死刑，但仍保留了战时适用死刑的做法。根据联合国最近的调查，其中有 12 个国家属于这一类。在联合国为期5 年的调查过程中，这些国家实际上均未执行过死刑，而且，5 个国家最近已完全废除了死刑。这类国家——尽管在 20 世纪 70 年代和 80 年代显得相当重要——这些年来仍保持了相对不变的数量。过去 10 年，尽管废除部分死刑而保留特殊犯罪死刑的国家并不鲜见，但这种做法已经不那么常见了。今天，如果一个国家决定废除死刑，它往往是废除几乎所有的死刑，且无论是战时还是平时。

第三类国家最具争议性。它包括那些在实践中已停止适用死刑的国家。联合国认为，如果一个国家在 10 年内从未适用过死刑，那么，这个国家就可被视为死刑废除国家，即使该国法律仍有死刑规定，甚至该国法院仍在某些案件中进行着死刑宣判。这类国家有 40 多个，且每年仍在增加。一些事实上的死刑废除国家承认自己国家存在暂缓死刑的官方政策。这些国家包括阿尔及利亚、危地马拉、肯尼亚、马里、俄罗斯、斯里兰卡、突尼斯和赞比亚等。另一方面，一些国家仍坚称，10 年内未处决犯人的事实不应被解读为存在废除或暂缓死刑的决定。

有时，人们认为事实上的死刑废除国这一类别并没有什么意义，因为那些未将死刑从法律中废除的国家仍属于死刑保留国类别。但是，40 年的监测表明，这一类别中的许多国家采取了逐步废除死刑的做法，而且一个国家在真正废除死刑之前往往会经历一个保留法律上的死刑但实际并不执行死刑的时期。此外，停止适用死刑达 10 年之久后又恢复死刑的国家实际上已经越来越少了。在联合国为期 5 年的调查过程中，那些被视为事实上的死刑废除国的国家均未执行过死刑。正如联合国报告总结的那样，事实上的废除似乎是未来行动的有效指针，同时又是帮助我们了解死刑法律与实践发展趋势的有益理念。

最后一类是那些不仅在法律上保留死刑而且实际仍在执行死刑的国家。自联合国开始就这一问题展开调查统计以来，这类国家的数量一直在持续下降。目前，全球大约有 40 个国家和地区仍在适用死刑。在这些国家和地区中，有些已表示正在考虑废除死刑，有些则表示正在朝废除死刑的方向努力。就死刑绝对数量而言，执行死刑最多的国家有中国、伊朗、沙特阿拉伯、巴基斯坦和美国。但是，就死刑数量与一国人口总数的比例而言，执行死刑最多的国家有沙特阿拉伯、伊朗、科威特、朝鲜和新加坡。由于这些国家均未向联合国提供其死刑数量方面的报告，因此这些国家的死刑数量都是从非官方渠道获得的。统计数字显示，在大多数保留死刑的国家和地区，死刑数量和可被判处死刑的犯罪种类均出现了持续下降的趋势。2004～2008 年间，在那些处决过 20 名或 20 名以上犯人的国家和地区中，有 17 个[①]国家和地区的每百万人处决率出现了下降，而增加的只有 5 个。[②] 在这些继续适用死刑的国家中，大约一半的国家死刑适用频率非常低。联合国 2009 年的研究表明，20 个死刑保留国每年平均执行的死刑少于 5 例。

死刑实践具有明显的地区因素。众所周知，除白俄罗斯外，死刑实际上已经在欧洲消失了。欧洲致力于废除死刑的努力体现在诸如欧盟和欧洲理事会之类组织的立场上。在西半球，除美国外，死刑适用非常罕见。但是，与几十年前相比，美国报告的死刑适用案例已大幅度减少。在加勒比海地区，几个讲英语的国家目前仍然保留了死刑，但它们实际上几乎从不执行死刑。非洲基本上也废除了死刑，只有北部几个以穆斯林为主体的国家——埃及、利比亚、苏丹和索马里——仍保留了死刑。最近，埃及和利比亚发生的政治变革使死刑适用国数量急剧减少成为可能。最后就是亚洲——这一世界上死刑适用最集中的地区。尽管如此，除中东地区数量有限的国家——沙特阿拉伯、伊朗、伊拉克和科威特——外，亚洲大部分地区的死刑适用数量正在下降。

二、死刑适用方面的限制和约束

国际法有两个主要来源，即条约法和习惯国际法。条约法较易认定，因为它是以精确的需要签字、批准或保留的文本形式出现的。当然，条约文本也要由国际机构和国家法院进行解读。相对而言，习惯国际法有时更难识别，在人权准则领域尤其如此。在这方

---

① 阿富汗、白俄罗斯、中国、刚果民主共和国、埃及、约旦、利比亚、尼日利亚、韩国、沙特阿拉伯、塞拉利昂、新加坡、中国台湾省、泰国、美国、也门和津巴布韦。

② 伊朗、日本、巴基斯坦、苏丹和乌干达。

面，人们往往倾向于参考诸如联合国大会和人权理事会之类国际机构的解读，或诸如人权委员会之类条约组织的权威声明。近年来，人权理事会的普遍定期审议程序为了解各国对人权义务内容的看法提供了非常宝贵的视角，而这又使包括死刑适用准则在内的习惯法范围的某种界定成为可能。

与死刑有关的最重要的条约规定出现在《公民权利和政治权利国际公约》第 6 条中，即：

1. 人人都有固有的生命权。这个权利应受法律保护。不得任意剥夺任何人的生命。

2. 在尚未废除死刑的国家，死刑判决只适用于最严重的罪行，而且，死刑判决应遵循犯罪时有效且不违反本公约和《防止及惩治灭绝种族罪公约》的法律进行。这种刑罚，非经主管法院最后判决，不得执行。

3. 在剥夺生命构成种族灭绝罪时，本条中任何部分并不准许本公约的任何缔约国以任何方式克减它在《防止及惩治灭绝种族罪公约》下所承担的任何义务。

4. 任何被判处死刑的人均有权寻求赦免或减刑。大赦、赦免和减刑可适用于所有死刑类别。

5. 死刑判决不得适用于未满 18 岁的人所犯的罪行，也不得适用于孕妇。

6. 本公约的任何缔约国不得援引本条的任何部分来推迟或阻止死刑的废除。

目前，大约有 167 个国家已批准《公民权利和政治权利国际公约》。只有少数国家对该公约的第 6 条持保留意见。此外，一些国家（包括中国）已签署但尚未批准该公约。根据国际法，已签署但尚未批准某一条约的国家不得从事任何违背该条约目标和目的的活动，即使该国从严格意义上来讲尚未受该条约的约束。

毋庸置疑，公约第 6 条代表着各国就仍保留死刑的那些国家在适用死刑时必须受到的限制这一方面达成的最广泛共识。实际上，

第 6 条规定同样可视为习惯国际法的一部分。因此，该条规定甚至可适用于那些尚未批准《公民权利和政治权利国际公约》的国家，以及那些对该条规定持保留意见的国家。第 6 条规定的习惯法性质可体现在旨在保护死刑犯权利的《保护死刑者权利的保障措施》中。这是 20 世纪 80 年代联合国系统一致通过的重要宣言。这一宣言在联合国各机构的决议中被反复重申过。

《保护死刑者权利的保障措施》不仅反映了《公民权利和政治权利国际公约》第 6 条的内容，而且事实上在某些方面作了进一步的规定。在这里，重温一下《保护死刑者权利的保障措施》的文本是有益的：

1. 在尚未废除死刑的国家，死刑只适用于最严重的罪行，而且，死刑的适用不应超出造成致命或其他极其严重后果的故意犯罪的范围。

2. 死刑只适用于犯罪发生时法律已规定必须判处死刑的犯罪，但如果犯罪发生后法律又规定可适用更轻的刑罚，则相关罪犯应受益于这一新的法律规定，从而被处以更轻的刑罚。

3. 犯罪发生时未满 18 岁的人不得被判处死刑；孕妇、新生儿母亲和精神失常的人不得被执行死刑。

4. 被告人的罪行有明确、有力证据支撑且无法对其犯罪事实作其他解释时才可适用死刑。

5. 只有在主管法院作出最终判决后才能执行死刑。在判决程序中，必须给予被告所有可能的保障措施，以确保审判公平。这些措施至少应与《公民权利和政治权利国际公约》第 14 条的规定相当，包括在法律程序的所有阶段为被怀疑或被控告有罪且可能因此而被判处死刑的人提供足够法律援助的权利。

6. 任何被判处死刑的人均有权向拥有更高司法权的法院提出上诉。各国必须采取措施保证这种上诉成为一种法定程序。

7. 任何被判处死刑的人均有权寻求赦免或减刑。赦免和减刑可适用于所有死刑类别。

8. 上诉程序、求助程序或与赦免、减刑相关的程序尚在进行期间，不得执行死刑。

9. 执行死刑时，必须尽可能减少被执行人的痛苦。

一个尚未接受死刑相关条约约束的国家是否认为自己有义务遵守死刑适用方面的某些限制可以从这个国家在人权理事会普遍定期审议中所持的立场看出来。在这方面，中华人民共和国就是一个很好的例子。2008 年 11 月，中国向联合国提交了死刑适用报告；2009 年 2 月，中国又将该报告提交给了联合国人权理事会。关于死刑这一问题，中国报告说：

"43. 在中国，死刑受到严格控制，死刑的适用也极其谨慎。中国的《刑法》规定，'死刑只适用于罪行极其严重的犯罪分子'，且'犯罪的时候不满十八周岁的人和审判的时候怀孕的妇女，不适用死刑'。为减少死刑数量，中国已建立起一个死刑缓期执行的制度。对于应当判处死刑的犯罪分子，如果不是必须立即执行的，可以判处死刑同时宣告缓期二年执行。判处死刑缓期执行的，在死刑缓期执行期间，如果没有故意犯罪，二年期满以后，减为无期徒刑；如果确有重大立功表现，二年期满以后，减为十五年以上二十年以下有期徒刑。

44. 从 2006 年 7 月 1 日起，所有死刑上诉案件均被要求公开审理，而且，所有这类审判程序均应录音录像。从 2007 年 1 月 1 日起，死刑案件的复核和批准权力重新收归最高人民法院。在死刑案件的复核中，最高人民法院通常会允许被告出庭应诉，如果必要，还会前往犯罪现场进行现场调查和核实。目前，死刑复核机制正顺利运行。"[①]

中国也曾主张说，由于中国尚未批准《公民权利和政治权利国际公约》，因此在向联合国人权理事会提交的报告中，中国没有

---

① 《中国根据人权理事会决议（5/1）附件 15（A）款提交的国别报告》，联合国文件 A/HRC/WG. 6/4/CHN/1。

任何义务就死刑问题作出解释。尽管如此，中国还是提供了上述信息，肯定了中国为履行国际义务接受死刑限制的观点。国际义务的根源在于习惯国际法，如《保护死刑者权利的保障措施》这类文件所示。这是中国第一次就死刑相关国际法律义务向联合国提交报告。

(一)"……最严重的犯罪"

《保护死刑者权利的保障措施》第 1 条规定，"死刑只适用于最严重的罪行，而且，死刑的适用不应超出造成致命或其他极其严重后果的故意犯罪的范围。"这条规定是对《公民权利和政治权利国际公约》第 6 条第（2）款规定的引申，它要求那些尚未废除死刑的国家将死刑适用限制在"最严重的犯罪"范围内。近年来，这条保障措施的应用主要针对两个问题，一个是强制性死刑，一个是针对那些非故意且没有造成致命或其他极其严重后果的犯罪所适用的死刑。

在一些国家，尤其是那些法律框架源于英国殖民地法律的国家，强制性死刑目前仍在适用。各国和国际法庭近期作出的一系列判决和决定认为，强制性死刑与"最严重犯罪"这一死刑限制规定不相容，因为强制性判决并未考虑特定犯罪和罪犯的具体特征，因此可能导致死刑被适用于那些不足以被判处死刑的犯罪情节。此外，人们还认为，伊斯兰宗教法规定的某些死刑类别也是强制性的，如亵渎罪、通奸罪和叛教罪的死刑，尽管采用伊斯兰法律的国家的实践表明，这类犯罪并未被系统地适用死刑。

另一个重要问题是可被判处死刑的犯罪行为的类型。国际死刑报告列出了一长串在某些法律体系下可能被判处死刑的相当模糊的犯罪行为，包括各种性行为，尽管鲜有证据表明这种规定确实得到了执行。人们似乎一致认同，死刑可适用于故意杀戮或谋杀——《保护死刑者权利的保障措施》第 1 条或多或少暗示了这一点。问题在于，死刑是否可适用于并未造成直接致命后果的犯罪行为，如腐败和其他非暴力金融犯罪，抑或，死刑是否可适用于那些根本就没有造成任何直接、真实后果的行为，如毒品走私。

在向联合国提交的第 6 份 5 年报告中，联合国秘书长指出，尽管"最严重的犯罪"这一概念导致"许多国家做出了不同解读"，《保护死刑者权利的保障措施》所指的"造成致命或其他极其严重后果的故意犯罪"意在暗示这种犯罪具有威胁生命的特征，就是说，犯罪行为很可能导致这一后果的发生[①]。在 2005 年的死刑决议中，联合国人权委员会呼吁各国"保证'最严重的犯罪'这一概念不超出造成致命或其他极其严重后果的故意犯罪的范围，同时保证不将死刑适用于非暴力行为，如金融犯罪、宗教实践、良心表现、相互合意的成年人之间的性行为等，也不将死刑作为一种强制判决。"[②]

联合国人权委员会认为，"对经济性质的犯罪、腐败行为或未造成生命损失的犯罪适用死刑"有违《公民权利和政治权利国际公约》的规定。[③] 这一解释已为美洲人权法院所采纳[④]。联合国负责司法外处决、草率处决和随意处决事务的特别报告员认为，"在对所有负责解释这些规定的主要联合国机构的法理进行全面、系统的审查后，得出的结论就是，死刑必须限制在最严重的犯罪范围内，必须以遵循这一约束的方式适用，即只能适用于那些有证据显示罪犯有杀人意图且导致了生命丧失的案件。"[⑤]

2009 年 3 月，在联合国麻醉药品委员会高级会议召开的同时，联合国人权事务高级专员纳瓦尼特姆·皮莱（Navenathem Pillay）指出，对那些仅仅因毒品相关违法行为就被判有罪的人适用死刑的

① E/2000/3, para. 79.
② E/CN. 4/RES/2005/59, para. 7（f）.
③ CCPR/C/79/Add. 25, para. 8. Also: *Chisanga v. Zambia*, CCPR/C/85/D/1132/2002, para. 7. 4. 请参考 A/HRC/4/20, paras. 51 – 52，了解对该判例法的详细评论。
④ *Rexcacó – Reyes v. Guatemala*, 15 September 2005, para. 69.
⑤ A/HRC/4/20, para. 53.

做法引起了人们对人权问题的严重关注，人们争论的重点问题之一就是这类犯罪是否应归入可适用死刑的"最严重犯罪"之列。① 在2008 年向联合国麻醉药品委员会和联合国预防犯罪和刑事司法委员会提交的一份文件中，联合国毒品与犯罪问题办事处主任安东尼奥·马里亚·科斯塔（Antonio Maria Costa）谴责了对毒品罪犯适用死刑的做法。他说，"尽管毒品和犯罪会杀人，但政府不应因此而杀人。"② 联合国最高健康标准权特别报告员和禁止酷刑特别报告员在一封信中说，"许多国家不会引渡那些可能面临死刑的人，这是值得嘉许的行为。鉴于每年因毒品犯罪而被判处并执行死刑的人员数量，这种做法尤其中肯。尽管国际法并未完全禁止死刑，但舆论压力明显表明，毒品犯罪并未达到可合法适用死刑的'最严重犯罪'的门槛。"③

（二）不可追溯性

《保护死刑者权利的保障措施》第 2 条要求各国仅将死刑适用于那些法律已规定必须判处死刑的犯罪类型。这不过是对一个没什么争议的准则的一般表述。联合国最近的报告显示，尽管该准则在其他领域的解释仍存在很大争议，但是将其适用于涉及死刑的案件时并不存在重大困难。比如，对战争罪和反人类罪适用死刑就完全没有问题。

---

① 《高级专员呼吁关注国际毒品政策领域的人权和减害问题》，2009 年3 月 10 日。

② 《有组织犯罪及其对安全的威胁：应对禁毒带来的令人不安的后果》，维也纳，2009 年 3 月 1 日。

③ 网址：http://www. hrw. org/sites/default/files/related _ material/12. 10. 2008％20Letter％20to％20CND％20fromSpecial％20Rapporteurs. pdf. 关于毒品相关犯罪的死刑适用问题，请同时参考 Rick Lines and Damon Barrett：《共犯还是废止？联合国毒品和犯罪问题办事处与适用于毒品犯罪的死刑》，伦敦：国际减害协会，2007。

（三）可不予处决的人

《保护死刑者权利的保障措施》第 3 条坚称，犯罪发生时未满 18 周岁的人不得被判处死刑；孕妇、新生儿母亲和精神失常的人不得被执行死刑。1988 年，联合国经济社会理事会以"精神发育迟滞或心智能力极其有限的人"① 这一表述强化了这条保障措施。在美洲人权体系下，犯罪时年满 70 周岁的人也不得被执行死刑。尽管《保护死刑者权利的保障措施》没有提及老年人的处决问题，但联合国经济社会理事会的 1989/64 号决议建议各国设立一个不得被判处死刑或被处决的最大年龄门槛。

联合国近期报告表明，禁止对少年犯适用死刑的做法已获得广泛认可，只有少数国家，即伊朗、沙特阿拉伯和也门，承认其适用性。尽管如此，2008 年 3 月 24 日生效的《阿拉伯人权宪章》第 7 条（a）款规定，不得将死刑适用于"未满 18 周岁的人，除非犯罪时适用的法律另有规定"（增加了强调内容）。此外，现代社会还没有处决孕妇或新生儿母亲的报告。

（四）公平审判的保证

《保护死刑者权利的保障措施》第 4 条规定，只有"当被告人的罪行有明确、有力的证据支撑且无法对其犯罪事实作其他解释时"才可适用死刑。这是对所有国家都具有约束力的习惯国际法中的一个准则，这点似乎并没有争议，至少在理论上是这样。尽管如此，由于没有尊重无罪推定的原则，在实践中出现了许多司法不公的案例。这类不当判决和处决往往是多种因素共同作用的结果，如调查不够全面、未提供足够的辩护律师等。第 5 条对这类问题提供了更广泛的解决方案，它详细规定了某些保证审判公平的具体措施，包括享受有效法律辩护的权利。

在 1989 年 5 月 24 日通过的 1989/64 号决议中，联合国经济社

① UN Doc. E/1988/20, art. 1 (d).

会理事会建议所有成员国"为面临死刑指控的人提供辩护时间和机制，包括在司法程序所有阶段提供足够的律师援助，为其提供高于非死刑案件保护的特别保护"。此外，联合国经济社会理事会1996年7月23日通过的1996/15号决议则鼓励所有尚未废除死刑的成员国保证所有可能面临死刑判决的被告享有公平审判的所有保障措施，如《公民权利和政治权利国际公约》第14条规定的那样，同时，它还要求成员国牢记司法独立基本原则、律师角色基本原则、检察官角色指引、被以任何形式拘留或监禁人员的保护原则和囚犯待遇最低限度标准规则等。它还鼓励成员国向不能完全理解法庭语言的被告提供翻译服务，使其了解针对他的所有指控及法院审议的相关证据内容。

（五）上诉

《保护死刑者权利的保障措施》第6条宣称，任何被判处死刑的人均有权向拥有更高司法管辖权的法院提出上诉。而且，各国必须采取措施保证这种上诉成为法定要求。联合国经济社会理事会1989年5月24日通过的1989/64号决议肯定了"法定上诉或复核"的重要性。

《保护死刑者权利的保障措施》的第8条也与上诉问题有关。其规定，"上诉程序、求助程序或与赦免、减刑相关的程序尚在进行期间，不得执行死刑。"为保证这条规定的效力，联合国经济社会理事会在1996/15号决议中呼吁各国保证其执行处决的官员充分了解相关囚犯上诉和减刑请求程序的进展。

（六）赦免与减刑

《保护死刑者权利的保障措施》第7条规定，"任何被判处死刑的人均有权寻求赦免或减刑。赦免和减刑可适用于所有死刑类别……"在1989/64号决议中，联合国经济社会理事会建议所有成员国制定"针对所有死刑类别的减刑或赦免规定"。此外，在1996年7月23日通过的1996/15号决议中，该理事会还呼吁成员国"保证其执行处决的官员充分了解相关囚犯上诉和减刑请求程序的进展"。

（七）处决方式

根据《保护死刑者权利的保障措施》第 9 条，"执行死刑时，必须尽可能减少被执行人的痛苦"。在那些继续实施死刑的国家，处决方式大相径庭，有砍头处决、绞刑处决、注射处决、枪毙处决、石刑处决和电刑处决等。至于哪种处决方式过于残酷、不人道或有辱人格，仍然有很多争议。

注射死刑已成为美国最主要的死刑执行方式。2006 年 12 月，佛罗里达州州长杰布·布什中止了该州的死刑执行。当时，一位名叫 Angel Diaz 的罪犯第一次注射死刑时没有成功，又被迫接受了第二次注射，整个死亡过程延续了 34 分钟。第二年，美国最高法院同意就注射死刑举行听证，于是，死刑暂停令在全国范围内实施。2008 年 4 月 16 日，美国最高法院就肯塔基州的注射死刑程序作出裁决，维持了注射死刑的合宪性，于是，死刑暂停令宣告结束。[①]

《保护死刑者权利的保障措施》未就公开行刑这一问题作出明确规定。《欧盟政策指针》规定，死刑可不以公开方式或其他任何侮辱方式执行。实际上，公开处决的报告非常少，似乎只有少数几个国家允许这种做法。

《保护死刑者权利的保障措施》第 9 条要求执行死刑时应尽可能减少被执行人的痛苦。这一要求同样适用于从死刑宣判到死刑执行这段时间。在这方面，死刑犯的拘押条件和拘押期限都是值得注意的问题。联合国禁止酷刑委员会对等待执行死刑人员的拘押条件进行了规定。由于身体状况和等待执行时间过长所造成的精神痛苦，死刑犯的长期拘押可能使其遭受残酷的、非人道的或侮辱性的待遇。[②]

---

① *Baze v. Rees*, 553 U. S. 35（2008）.

② 《禁止酷刑委员会的总结性评论，赞比亚》，CAT/C/ZMB/CO/2, para. 19。

二、国际人权法与死刑

［爱尔兰］肖恩·达西（Shane Darcy）

【专家简介】　肖恩·达西（Shane Darcy）博士，男，现任爱尔兰国立大学人权中心（Irish Centre for Human Rights，NUI Galway）的博士项目主任兼国际人权法讲师，致力于国际人道主义法，国际刑事法，人权以及过渡司法的研究。他的授课内容集中于公共国际法，过渡性司法，人权以及国际刑事法庭开庭前的程序。达西教授参与过许多促进国际刑事法及人道主义法发展的研究项目，为这些项目提供培训，主要涉及的国家有伊朗，中国，印度，南非，柬埔寨，巴勒斯坦等。他同时也担任《刑事法律平台杂志》的副主编。达西教授2001年毕业于利默里克大学法律与会计专业，2002年获硕士学位，2005年获爱尔兰国立大学博士学位。达西教授在人权、人道主义法以及国际刑事法领域发表了诸多文章并在2007年出版了《国际法下共同的责任》一书。同年，达西教授因其在人文与社科领域的突出贡献被爱尔兰人文社科研究协会授予 Eda Sagarra 奖章。

国际人权法通过折射生命权来处理死刑问题，尽管不能说完全禁止死刑，但一直积极寻求在特定的情况下限制死刑的适用。从第二次世界大战后至今，根据国际人权法处理死刑问题取得了长足的进步——从起初仅在有限范围内考虑这一问题，到当前制定寻求彻底禁止此种做法的文件。对死刑的处理方式与对酷刑或奴隶制等其他做法的处理方式大不相同——后者自国际人权法创立以来，一直受到禁止和谴责。本文将概述国际人权法如何处理死刑问题，并讨论国际条约中规定并得到广泛接受的死刑使用限制条款。

一、国际人权条约关于死刑的限制条款

1948 年《世界人权宣言》没有明确提到死刑处理问题，只是简单地声明"人人有权享有生命、自由和人身安全"以及"任何人不得加以酷刑，或施以残忍的、不人道的或侮辱性的待遇或刑罚"。1953 年通过的《欧洲人权公约》对死刑持容许的态度，允许在法院依法对所犯的罪行定罪并在付诸执行时使用死刑（第 2 条）。《世界人权宣言》为其他有约束力的国际条约的制定和通过铺平了道路。这些国际条约扩展了《宣言》的基本规定，为《宣言》明文昭示的各项权利规定了更为具体的含义。《公民权利和政治权利国际公约》第 6 条规定"人人皆有天赋之生命权"，这项权利应受法律保护，要求任何人不得任意剥夺他人生命。《公约》第 6 条寻求在司法监督下，根据公平审判保障将死刑适用限定在严重犯罪的范围内，以此处理死刑问题。

对《公约》的缔约国，第 6 条第 2 款规定："……非犯最严重犯罪，且依照犯罪时有效并与本公约规定及《防止及惩办灭绝种族罪公约》不相抵触之法律，不得科处死刑"。

《公民权利和政治权利国际公约》的监督机构——联合国人权委员会将"不与本公约相抵触"解释为《公约》第 14 条规定的正当程序保障。第 6 条第 2 款还规定了死刑"非依管辖法院终局判决不得执行"。除根据基本公平审判保障享有的上诉权外，第 6 条第 4 款还规定被判处死刑者有权"请求特赦或减刑"，并且所有案件均可给予大赦、特赦或减刑。

地区性人权条约（例如《美洲人权公约》和《阿拉伯人权宪章》）中也有类似规定。尽管每项地区和国际条约均有所不同，但其中也出现了一些共同因素：死刑必须有法律规定才能适用，并且必须由主管司法机关执行；特定类别的人不得适用死刑；死刑应仅适用于种类有限的严重犯罪；在可能判处死刑的审判程序中，必须给予被告人公平审判保障以及请求特赦或减刑的机会。死刑的执行方式以及所谓的"待死现象"（"death row phenomenon"）也受到了越来越多的关注。"待死现象"指被判处死刑的人在执行前受到长期监禁的情况。人们正在思考死刑的这些方面是否与禁止残忍、不人道或有辱人格的待遇或处罚相违背。

（一）人的类别

国际人权法寻求限制可以判处死刑的人的类别，《公民权利和政治权利国际公约》规定了两类不得判处死刑的人：犯罪时未满18岁的人和孕妇。除美国和索马里外，所有国家均已批准的《儿童权利公约》禁止缔约国对未满18岁的人所犯罪行处以死刑。就地区性人权条约而言，《美洲人权公约》在两种类别的基础上增加了犯罪时已满70岁的人。战时或武装冲突时适用的国际人道法条约寻求将禁止死刑的范围，从孕妇扩大到包括受抚养子女的母亲。实践中有不对精神失常的人执行死刑的做法。许多国家不对智力残疾者判处死刑，因为执行这样的死刑会被视为任意剥夺生命权。有人主张"任意"一词不应仅理解为违法或非法，而应包含违反自然法原则或正当司法程序，或根据残暴或专制的法律剥夺生命的行为。

（二）严重犯罪

国际人权法反映量刑应与所犯罪行相当的刑罚一般原则，寻求将死刑的使用限制在严重犯罪范围内。《公民权利和政治权利国际公约》第6条规定："非犯最严重犯罪不得科处死刑"，《美洲人权公约》和非洲人权及人民权利委员会决议中使用了完全相同的语言。对"最严重犯罪"的含义，《公民权利和政治权利国际公约》没有具体举例，但由于死刑具有"特殊"性质，人权委员会建议以限制性的方式对这一词语加以解释。人权委员会在审议缔约国定期报告时，已经就由于这一定义不明确所导致能够判处死刑的犯罪过多这一问题进行了评论，并列举出许多委员会认为并非最严重的犯罪：经济犯罪、叛教、同性恋行为、逃避军事责任、涉毒犯罪以及政治犯罪。委员会主张，人权委员会对"最严重犯罪"的解释仅限于谋杀或其他导致严重后果的严重暴力犯罪。《美洲人权公约》在第4条第4款中则强调不得对"政治犯罪或与政治相关的普通犯罪"处以死刑。

更多关于"严重犯罪"含义的指导意见可见于联合国各机构及专家拟定的各种报告和标准中。经济和社会理事会1984年通过的《保护面临死刑者权利的保障措施》（Safeguards Guaranteeing Protection of Those Facing the Death Penalty）规定，最严重犯罪"范围仅限于造成致命后果或其他极端严重后果的故意犯罪"。联合国秘书长曾经表示，严重犯罪应当是"威胁生命的，即该行为极有可能导致此种后果"。法外处决、即审即决或任意处决问题特别报告员建议对经济犯罪和涉毒犯罪彻底废除死刑。人权委员会还呼吁不对非暴力金融犯罪、宗教行为或表达思想的言论适用死刑。这些表述与罪刑相当的要求结合在一起，为正确理解对可以判处死刑的犯罪在严重程度上的要求提供了有益的帮助。

（三）公平审判保障

国际人权法严格强调，只有管辖法院的终局判决才能宣告死刑，且必须根据犯罪时有效的法律规定判处死刑。同样重要的是，上述程序必须依照一般公平审判权利实施。有人主张《公民权利和政治权利国际公约》第14条中规定的程序保障制度是已经确立的国际习惯法，应对所有国家均有约束力，无论其是否批准了该特定文件。值得一提的是，已获得世界各国批准的1949年《日内瓦公约》规定，战时"未经具有文明人类所认为必需之司法保障的正规组织之法庭宣判"不得执行死刑。强调审判程序规范化的初衷是要确保人们不因单独的警察、军队或国家官员的冲动而被处死。

各项国际和地区性人权公约中确立的公平审判具有以下主要组成部分：

● 在证明某人有罪前，必须推定其无罪。

● 任何人均有权在依法设立的有管辖权、独立且无偏见的法庭接受公平公开的听审。

● 对某一刑事指控的被告人，必须以其能够通晓的语言及时详细告知其所受指控的性质和缘由。

● 被告人有权获得法律咨询，获得充足的时间准备答辩，并有权召集并交叉讯问证人。

● 不得无故延迟审判。

● 如果审判程序以被告人不通晓的语言进行，则被告人有权免费获得翻译协助。

人权机构提出了一个有充分根据的观点，即由于公平审判权已经有效纳入了关于死刑的国际条约规定中，并且由于生命权不能在紧急情况下减损，因此即使是在冲突或威胁国家生存的紧急情况下，也必须在死刑案件中始终不侵犯司法保障。

如上所述，根据《公民权利和政治权利国际公约》的规定，一旦判处了死刑，被判处死刑的人即应有权请求特赦或减刑，并且，所有案件均可给予大赦、特赦或减刑。在实践中，判决和判决执行之间应当留有充足的时间，使被判刑人能够请求赦免。《保护面临死刑者权利的保障措施》规定，"在任何上诉或其他申诉程序或者与特赦或减刑有关的其他程序期间"不得执行死刑。如果缔约国承认申诉权，这可以包括向国际人权机构提起的上诉。

二、废除死刑的行动

近年来，国际人权法内部存在着完全禁止死刑的行动。《公民权利和政治权利国际公约》1966 年通过时就指明了禁止死刑的方向。第 6 条第 2 款开头特别将规定指向"未废除死刑"的国家，而第 6 款则更直接地规定了"本公约缔约国不得援引本条而延缓或阻止死刑之废除"。为了在国际人权法中规定废除死刑，已经采取了一种方法，即就处理死刑问题的现有条约设立任择议定书，而不设立全新的条约。《公民权利和政治权利国际公约》、《欧洲人权公约》和《美洲人权公约》禁止死刑的任择议定书已经生效。《公民权利和政治权利国际公约》第二任择议定书——该条约四个任择议定书中唯一的国际法律文件——于 1991 年生效，目前已有 71 个缔约国。《国际刑事法院规约》（《罗马规约》）的缔约国有超过 100 个没有将死刑纳入法院可以判处的刑罚中。

联合国大会在 2007 年和 2008 年均通过了呼吁暂停使用死刑的决议。每年都有 100 多个国家投票赞成上述决议。2007 年的决议声明：

"使用死刑有损人的尊严，（我们）深信暂停使用死刑有助于加强和逐渐发展人权，死刑的威慑作用并无任何确切证据，而且施行死刑方面的任何司法失误或失败都是无法逆转和补救的。

大会决议吁请已废除死刑的各国不再恢复死刑，吁请仍保留死刑的国家：

（a）尊重保护面临死刑者权利的保障措施的国际标准（……）

（b）向秘书长提供有关使用死刑和遵守保护面临死刑者权利的保障措施的资料；

（c）逐步限制死刑的使用，减少可以判处死刑的罪名；

（d）暂停执行处决，目标是废除死刑。"

自《世界人权宣言》通过六十年来，关于死刑的国际人权法取得了长足进展。20 世纪五六十年代的《公民权利和政治权利国际公约》和《欧洲人权公约》中规定的允许死刑的处理方式需要加以定义明确的特定限制。在过去二十年中，我们已经看到死刑的适用受到了进一步的限制，并且通过了一批旨在完全禁止此种做法的法律文件。关于死刑的国际人权法与各国在该领域的实践几乎同步发展。毫无疑问，关于死刑的国际立法有时候推进了更为进步的死刑限制，已经超过了各国组成的国际社会整体支持的限度。但是，如同在国际人权法的其他许多领域一样，随着时间的推移，各国往往寻求使自己的实践符合普遍的国际标准。

下面，我将向大家讲述关于我的故乡爱尔兰的立法。爱尔兰于 1976 年废除死刑，但于 1954 年就已经开始停止执行死刑了。主要原因在于当时我们和英格兰的关系并不好，他们杀死了我们很多人，而在我们眼中，那些人无疑是因反抗而牺牲的烈士，因此我们对死刑是深恶痛绝的。在 2002 年关于死刑问题的公众投票中，议会没有通过任何一项关于执行死刑的投票。而且，在死刑被废除后的这么多年中，各种严重的犯罪问题并没有因此而上升。

在死刑的量刑过程中，受害人应当被告知一定程度的司法进程，但是由于身份的影响，可能在某种程度上对司法又产生一定的反作用。在伊斯兰法中，受害人的家属可以在法官进行审判和让犯罪人受与其行为同样的处罚中进行选择，我个人比较赞同由法官来进行审判，毕竟，社会舆论不能作为司法实践的指导。我们可以看到一个前景，就是各国都朝着一个方向发展。虽然中国并未公布官方的死刑数字，但是从学者的争论中都可以看出，中国仍然朝着废除死刑的方向逐步前进。

三、欧洲废除死刑的动态与实例①

［英］卡洛琳·霍伊尔（Carolyn Hoyle）

【专家简介】　卡洛琳·霍伊尔（Carolyn Hoyle），英国牛津大学犯罪学系准教授、博士。

引言

不到 25 年前，在联合国当时的 180 个成员国家中，仅有 29% 的国家废除了死刑，其中有 1/3 的国家对和平时期的一般犯罪废除了死刑，但对犯有叛国罪及在战争时期触犯军事法律的人保留死刑。现如今，在联合国 196 个成员国家中，已有 103 个国家废除了死刑，而且大多数是对所有情况下的所有犯罪废除死刑。不仅如此，即使有许多司法管辖区在法律上保留了死刑，也都是象征性的：在 93 个保有死刑的国家中，仅有 45 个国家曾在过去 10 年里实施过死刑。

废除死刑虽然已成为一种世界现象，但其最主要的影响还是在

---

①　本文引自：［英］罗杰·胡德、［英］卡洛琳·霍伊尔：《死刑》（第 4 版），牛津大学出版社 2008 年版；［英］罗杰·胡德、［英］卡洛琳·霍伊尔：《在全世界废除死刑："新动态"的影响》，载迈克尔·坦瑞主编：《犯罪与司法》第 38 册，芝加哥大学出版社 2009 年版，第 1～64 页。

欧洲。欧洲每个国家都在法律或实践中废除了死刑（白俄罗斯除外，白俄罗斯在2010年实施了两例死刑）。尽管结果趋于相同，但欧洲各个管辖区废除死刑的过程却是五花八门。在欧洲，既有民主的君主立宪制（比如荷兰和英国），又有建立久远的共和制（比如意大利和法国），当然还有前苏联的新兴国家体制，它们彼此之间差别迥异，对此我们并不感到惊奇。各国之间在法律体系上也差别很大。然而，欧洲走上今天的废除死刑之路也绝非必然。目的论或"辉格党式"的历史观认为，人类踏上了一条预设的、"前进"的道路，这早已被视为无稽之谈。正如我们将会看到的，各个管辖区在不同历史时期、通过不同的路径废除了死刑，那么，它们在学术传统、所遇到的障碍以及克服障碍的方式上也必然不同。

如果我面面俱到地谈，恐怕整个周末也谈不完。在此文中，我将作一概述，并在分析不同点的同时，发掘出一些共同主题。我想对其中一个主题进行考查。欧洲国家废除死刑的方式是多种多样的，但废除死刑的最终决定大部分是由精英提出来的。精英们在作出这一决定时完全清楚死刑仍拥有很强大的支持力量，这不禁使人惊奇。同样令人惊奇的是，即使在这种很不民主的程序下，反对废除死刑的呼声一般在几年内就平息下去了，而且死刑从没有被恢复过。

欧洲废除死刑概述

正像世界上其他地方一样，欧洲的死刑也可追溯到古代。以死刑作威胁被广泛地认为是社会控制的有效武器。后来，到了18世纪末，启蒙运动催生了自由主义、功利主义和人文思想，一场改革运动由此产生。

1867年，葡萄牙成为第一个对谋杀罪永久废除死刑的主要欧洲国家。19世纪末，荷兰、罗马尼亚、意大利、圣马力诺共和国和瑞士纷纷效仿。20世纪初，挪威成为北欧国家中第一个废除死刑的国家，第一次世界大战后，瑞典、冰岛和丹麦也纷纷效仿。直到 20 世纪末，所有西欧国家都已废除死刑。几乎所有后来在法律上废除死刑的国家在很久以前就不再实施死刑了。例如，比利时在 1996 年对所有犯罪废除了死刑，而自 1863 年以后，比利时仅对一例谋杀罪执行过死刑（在 1918 年），在 1950 年以后就再没有执行过死刑。

1987 年，前民主德国成为第一个废除死刑的东欧国家。仅在三年之后，罗马尼亚也废除了死刑，此后不久，匈牙利、捷克和斯洛伐克联邦共和国、波兰及前南斯拉夫国家也纷纷效仿。20 世纪 80 年代早期，俄罗斯每年要执行数百例死刑，即使是这样，该国也自 1996 年起在事实上废除了死刑。所有由前苏联独立的欧洲国家都在法律上废除了死刑，除了我们已经知道的白俄罗斯。

废除死刑的模板？

20 世纪 60 年代早期，法国法学家马克·安塞尔指出，管辖区废除死刑通常要经历一个长期而大体相似的过程，先对无意造成重大人身伤害的一般犯罪废除死刑，一直进行下去，最后只剩下谋杀罪、严重的危害国家罪、叛国罪及严重的违反军事法律罪（尤其在战争时期）还保有死刑。① 按照安塞尔的模式，死刑在随后很长一段时间内处于暂停状态（被称为在事实上废除死刑，至少持续十年），直到谋杀罪及其他可能判处死刑的"一般犯罪"也被废除死刑，最后只剩下损害国家和违反军事法律的重大犯罪在经历了相当长的一段时间后最终被废除死刑。安塞尔的话不仅仅是一种描述，而被人们广泛地理解成废除死刑的规范。然而，大多数欧洲国

---

① ［法］马克·安塞尔：《死刑》（《安塞尔报告》），1962 年，联合国文件编号 UN Doc. ST/SOA/SD/9，销售编号 62. Ⅳ. 2；［法］马克·安塞尔：《欧洲国家的死刑情况》，1962 年，欧洲委员会。

家并没有遵循安塞尔的模式。

英国、法国、德国及其他欧洲国家在 18 世纪末都大量削减可实施死刑的犯罪，到 19 世纪中期，只剩下谋杀罪、危害国家罪及违反军事法律罪尚未被废除死刑。有的国家也迅速地对谋杀罪废除了死刑，例如荷兰（于 1870 年）和挪威（于 1905 年）。其他国家虽然对谋杀罪及危害国家罪保留有死刑，但是在许多年内没有实施。英国和法国没有效仿安塞尔的模式，因为它们没有经历在事实上废除死刑的时期。英国最后一次实施死刑是在 1964 年，之后于 1965 年对谋杀罪废除了死刑；第二次世界大战结束后，意大利与奥地利在最后一次实施死刑的同一年将其废除（分别是在 1949 年和 1950 年），芬兰在最后一次实施死刑的四年后，于 1949 年对谋杀罪废除了死刑。1966 年以前，欧洲国家都没有将死刑全部废除（前联邦德国除外，其于 1949 年将死刑全部废除）。

西欧国家在废除死刑的道路上呈现出各自的特点。各国一方面受到日趋形成的国际气候的影响，把废除死刑视为刑法改革的一项文明成果，另一方面又根据自身文化和政治环境的需要，把死刑作为限制犯罪的一种政策武器，在此基础上选择了自己的道路。

若想弄清废除死刑的动机以及在废除死刑的过程中遇到的障碍，我们最好是把焦点放在西欧，因为西欧废除死刑经历了很长一段时间，而且影响因素也是多种多样的。相反，在东欧，废除死刑则更趋于相似，而且是在同一个十年内发生的。东欧想从旧的独裁统治中挣脱出来，又想加入欧洲委员会和欧洲联盟享受特权。

尽管有这么多不同点，东欧和西欧废除死刑的运动大体上是由精英发起的，而且是在众人的反对下实施的。

在西欧，废除死刑的最初萌芽可以追溯到 18 世纪末的启蒙运动。在此后的数十年里，科学理性主义可以应用于社会建设这一理念出现在狄德罗、休谟、伏尔泰等哲学家的作品中，并在西欧的精英中间广泛传播。它要求终止专制政府，以参与性民主制度和言论自由取而代之，伴随它产生的是一种新的人文主义，将死刑（尤其是当时广泛使用的当众施以酷刑的办法）视为野蛮。希望限制国家权力、更均等地分享权力的自由主义者和民主主义者，希望减轻当众实施暴力的等级的文化精英，试图把我们今天所称的"正当程序"① 树立为正典的律师，于是站到了一起。

正如社会学家大卫·加兰德所说：

"对于思想家孟德斯鸠、伏尔泰和贝卡里亚来说，死刑是法国大革命以前旧专制体制滥用权力、彻底无视个人的生命与自由的象征。"②

启蒙运动的追随者将效用测试与理性应用于死刑制度，但因根据这些测试死刑不能被证明为合理，于是推论出死刑应该被废除。

第二次世界大战结束以后，启蒙运动的这些价值观念为世界上新兴的运动所吸收，其目的是为了保护基本人权（包括并尤以生命权为重）建立法律手段。直至 20 世纪 50 年代早期，人权这一一般性概念和生命权这一特殊概念被双双写进国际条约，如联合国大会于 1948 年颁布的《世界人权宣言》及 1951 年颁布的《欧洲人权条约》。在法律上承认《欧洲人权条约》是加入欧洲跨国团体的先决条件，不仅如此，该人权议程随后还成为东欧大多数国家废除死刑的工具。

在西欧一些国家，启蒙思想的传播激发了大规模反对极刑运动的产生。例如，在英国，"废除死刑全国运动"于 1925 年发起。直至 1956 年，也就是英国废除死刑的九年前，该运动已有三万名成员，在每一个规模型城镇设有分支，并常常在执行死刑的监狱外面举行静坐活动和示威游行。然而，民意调查却显示多数人支持保留死刑。在英国，正如在西欧其他国家一样，政府不会因为具有选

---

① ［英］大卫·加兰德：《特有机构：美国死刑制度研究》，牛津大学出版社 2010 年版，第 129 页。

② ［英］大卫·加兰德：《特有机构：美国死刑制度研究》，牛津大学出版社 2010 年版，第 136 页。

举权的人民大众这样要求就废除死刑，只要政治界的精英及自由主义者认为执行死刑是正确的，政府就会继续执行，而置人民的意愿于不顾。

西欧废除死刑的历史

公元 17 世纪至 18 世纪，在许多欧洲国家，死刑作为一种指定刑罚，其涉及面越来越广，囊括了轻重不等的各种犯罪。所犯罪行与面临的刑罚并不均衡。每一项重罪，轻盗窃罪与残害他人罪除外，都可以被处以死刑。这便是"血腥法典"：罪犯面临着被施以死刑的危险，但不确定是否会被行刑。行刑的手段令人毛骨悚然，并且故意当众执行，其目的有两个：一是为了制造恐惧，二是向旁观者传达不守道德的人就会遭此下场。

对此，启蒙时代的典型反应是切萨雷·贝卡里亚于 1764 年首次出版的专著《论犯罪与刑罚》。该书主张取代滥施极刑的旧体制，而采用与罪行相适应的分级刑罚体系，并增大实施刑罚的确定性。贝卡里亚说，如果法律是以传递公民义务为目的，树立起一种道德观，死刑就会起到相反的效果。因为，国家若以杀人的方式实施自己的意志，就会赋予法律力图约束的行为以合法地位，即以致命暴力解决争端的行为。贝卡里亚还表示，如果对不及谋杀罪的罪行采取死刑，违法者就没有理由不去杀人、降低犯罪等级。

18 世纪 80 年代，托斯卡纳和奥地利开明的统治者——尽管他们是专制主义者——接纳了贝卡里亚的思想，将死刑搁置了好几年。俄国女皇伊丽莎白及凯瑟琳二世也暂停死刑。贝卡里亚的著作被翻译成英语和法语，在英国及法国也颇具影响力。

法学家安德鲁·哈默尔对几篇关于民意与死刑的关系的论断及废除死刑所必需的条件进行了调查。他首先指出，人类具有对犯有重罪的人实施惩罚的倾向，正是这一原始欲望促使人类支持死刑。改变这一心理模式大概只能在具有较高教育程度的人群中进行。因此，哈默尔认为死刑大概只能由受过良好教育的精英废除。这一论断是欧洲废除主义的核心，因为相形之下，欧洲的精英比普通大众更理智、更有原则、更人道。与此同时，这些精英在制定刑事审判制度时故意使之与民意相隔离，而不像在美国，审判机关和检察机构都要接受选举。①

启蒙运动高潮结束很久以后，阿尔贝·加缪、维克多·雨果及阿瑟·库斯勒等公共知识分子要求废除死刑，律师、记者及其他专业人士都乐于接受。他们是受过良好教育的中上层及上层精英，当选的政客大多出自这个阶层。当支持者的数量达到临界规模后，各种立法建议纷至迭出，它们大多是由个人立法者提出来的（例如：西德尼·西佛曼在英国提出建议，罗贝尔·巴丹戴尔在法国提出建议，托马斯·德勒在德国提出建议），尽管当时多数人仍支持保留死刑。雨果在他的第三部小说《一个死囚的末日》（首次出版于1829 年）中言辞雄辩地恳求，不论人们犯了何种罪状、罪行有多严重、审判是否公正，都应该废除死刑。该书驳斥了保留死刑派的观点，不同意死刑可以制止犯罪、是令危险的犯罪分子无所作为的唯一途径。该书指出，正如文明的力量使折磨不可接受一样，死刑也将不可避免地被视为不可接受。正如哈默尔所写的，雨果的观点使公众的意见毫不相干："如果一切处决在本质上就是邪恶的，那么反对死刑就是一条不容置疑的道德命令，不能依赖公众一时兴起的想法。"②

1908 年，死刑在法国国民大会中几近被废除，但最终还是失败了，成为一则公众讨论的话题。阿尔贝·加缪在他 1957 年出版

---

① ［英］安德鲁·哈默尔：《终结死刑：全球视野中的欧洲经验》，麦克米兰出版社 2010 年版，第 60 页。

② ［英］安德鲁·哈默尔：《终结死刑：全球视野中的欧洲经验》，麦克米兰出版社 2010 年版，第 5，129 页。

的图书《关于断头台的思考》① 中预想了法国废除死刑运动取得最终胜利时的情景。加缪是一个坚定的死刑废除主义者，与前辈雨果一样，他曾多次呼吁从宽发落死刑犯。与此同时，在英国，阿瑟·库斯勒撰写了一篇又一篇新闻报道，谴责英国的绞刑制度。库斯勒的作品被翻译成法文。由于雨果和库斯勒的双重影响，在知识分子中间逐渐形成了一种抵制死刑的共识。但直到20世纪70年代，法国才发出第一声强有力的呼喊，要求政坛为废除死刑立法。一系列针对儿童和老人的惨案使公众对犯罪十分恐惧，并且支持保留死刑，尽管如此，贝尔·巴丹戴尔仍支持废除死刑。② 巴丹戴尔承认他无法战胜公众的观点，然而，受过良好教育的法国精英却逐渐站在他这一边，废除死刑的事业于是取得了进展。

在法国，对谋杀犯执行死刑直到1977年才停止。不过，这与1981年法国全部废除死刑相隔并不太远——多亏了法国国家元首弗朗索瓦·密特朗强有力的政治领导。密特朗在参加1981年的总统竞选时宣布，他反对死刑制度，尽管民调显示有63%的人支持保留死刑。他还任命巴丹戴尔为司法部长。仅仅在签署《欧洲人权公约》第六议定书的两年后，法国废除死刑的命运就已经确定，再无回头之路了。

在前联邦德国，废除死刑已在《基本法》（后纳粹时期的宪法）中获得确立。这使该国得以抵制力量强大的民粹主义者重启死刑的一系列尝试。西德的精英们也拒绝接受民意。自由民主党党员托马斯·德勒博士曾强烈指出，人民的意愿在有关此项法令的决议问题上毫不相干，国会议员只需要对自己的良心负责。

在其他地方也产生了类似的情绪。比如在英国，作为支持废除

---

① ［英］安德鲁·哈默尔：《终结死刑：全球视野中的欧洲经验》，麦克米兰出版社2010年版，第133页。

② ［英］安德鲁·哈默尔：《终结死刑：全球视野中的欧洲经验》，麦克米兰出版社2010年版，第137页。

死刑的人，国会议员西德尼·西佛曼援引启蒙时代的保守主义健将埃蒙德·伯克——即"托管制度"这一概念的发起人——的话说，平民必须相信他们的政治代表作出良好的决策，这些决策不能受到公众起伏不定的想法的影响。①

与此同时，西欧各国的状态也发生了改变，出现了制度化的社会控制，不再需要暴力场面。正如加兰所说：

"到 20 世纪初期，在西欧国家中，死刑是在政治、刑罚发生变革的条件下运行的。国家权力结构的改变与刑罚控制使宣判死刑的必要性减弱，主流文化的改变使其合法性减弱。"②

就在被废除以前，死刑经历了一些变革。死刑的政治色彩减弱，不再像从前那样恐怖、惊人、残忍，并且被移出了公共领域。根据理查德·伊凡斯所说：

"各地几乎在同一时期在刑罚程序上发生了类似改变。几乎所有主要的欧洲国家都在 18、19 世纪削减了公开处罚，废除了折磨，取消了在绞刑架前实施各种残酷行为的做法，并进入实施监禁的决定性阶段。……就是在欧洲，在同一时期，长期预言的关于死刑合法性的危机终于达到了顶点。"③

到 19 世纪 60 年代，在德国大部分地区、英格兰及威尔士，死刑限于对谋杀罪执行。下一步就是以无期徒刑取代死刑。英格兰仍对谋杀罪判处死刑，但谋杀的形式却可以是多种多样的，而犯有死罪的人数量已缩减，这就需要更准确地定义哪种类型的谋杀、在何种情况下的谋杀以及何种类型的行凶者应被判处死刑。

① ［英］安德鲁·哈默尔：《终结死刑：全球视野中的欧洲经验》，麦克米兰出版社 2010 年版，第 70 页。

② ［英］大卫·加兰：《特有机构：美国死刑制度研究》，牛津大学出版社 2010 年版，第 3、89 页。

③ ［英］理查德·伊凡斯：《惩罚程序：德国死刑（1600—1987）》，牛津大学出版社 1996 年版，第 894~895 页。

19 世纪 60 至 70 年代，人们试图建立一部定义更加严格的关于谋杀的一般性法律，或者把谋杀分成"被处死刑的"谋杀和非"被处死刑的"谋杀。但是，这被证明是徒劳之举。人们无法就如何做到这一点达成一致意见。① 法官也不想被赋予权力实施酌情决定权。因此，为了将死刑限于"真正的谋杀"，实际由内政大臣行使的特赦制度（被称为皇家赦免权）被广泛使用。1900 年至 1949年间，1080 个男性和 130 个女性被判处死刑，其中 435 个男性（40%）和 118 个女性（90%）被判处缓期执行，最后被减刑为无期徒刑。②

1940 年，工党政府建立了一个皇家专门调查委员会，再次试图弄清能否在法规中定义哪些谋杀"该当死刑"、哪些谋杀不"该当死刑"。③ 其 1953 年报告指出，该种尝试不具有可能性，并得出结论说唯一可行的办法是将决策权留给陪审团。但当委员会意识到许多人都对这种"非英式"办法不以为然时，它便勇敢地声明："如果这种观点能够被接受，我们无疑会在心里得出这样一条结论：这个国家已对限制遭受死刑的倾向性无计可施，而现在实际的问题是死刑是否应该被保留或废除。"④

直到后来，保守党当权。保守党不顾皇家专门调查委员会的警告，直接走向立法——于 1957 年颁布《杀人罪法》，目的是为"被处死刑的谋杀"划定一个具体范围，即实际参加或助长盗窃或抢劫、使用枪炮或炸药、警察或狱警犯罪及多重谋杀。因情绪混乱

① 参见［英］里昂·瑞兹诺、［英］罗杰·胡德：《〈英国刑法历史〉第 5 卷：刑事政策的出现》，史蒂文斯出版社 1986 年版，，第 661~671 页。
② 《皇家专门调查委员会关于死刑的调查报告（1949—1953）》（文件编号 Cmd. 8932, 1953），第 13 页。
③ 皇家专门调查委员会面临问题的详情，参见［英］里昂·瑞兹诺：《刑事学大冒险》，劳特利奇出版社 1999 年版，第 252 页。
④ 《皇家专门调查委员会关于死刑的调查报告（1949—1953）》（文件编号 Cmd. 8932, 1953），第 611 段，第 214 页。

或突然失控导致杀人则被豁免。根据这一准则，大多数为色情目的的杀害少年儿童的人得到了宽恕，在实施暴力犯罪前后没有行窃的人也得到了宽恕，而开枪杀死情人的人则犯有死罪，掐死、用短棒击打或毒死情人的人却不犯有死罪。这种反常现象使公众对罪行看起来不那么凶恶却被处以死刑的人涌现出同情。

1964 年，工党重新执政。新任首相哈罗德·威尔逊在参加竞选时曾经许诺，如果他能当选首相，他将给私人议员提案一点时间，以废除死刑。在一轮自由投票选举中，西佛曼的提案获得下议院 355 人中的 170 张选票，在上议院获得 100 张选票，属于多数选票。这时，首席大法官帕克告知上议院，他与王座法庭常任法官在废除死刑这一问题上意见一致，因《杀人罪法》造成太多的荒谬和不公正，其结果"让人感到非常厌恶"。①

除非上下两院决议同意永久废除死刑，1965 年的废除死刑法案其实只是把死刑"暂停"五年，但尽管如此，英国的死刑制度也已经终止了。1969 年，下议院 343 名议员中有 185 人支持废除死刑法案。精英们大多强烈支持废除死刑，公众却不这样认为。就在西佛曼的提案通过后不久，相继发生的两起重大杀人案使公众对废除死刑产生反感——首先是 1965 年发生的臭名昭著的"沼泽谋杀案"，5 名儿童在曼彻斯特附近被杀，随后是 1966 年发生的一起严重枪击案，一名微不足道的罪犯竟在伦敦开枪杀死了三名警察。

接下来的几任政府，无论是工党政府还是保守党政府，都认为死刑问题应由每位国会议员的"良心"来定夺。英国虽是欧洲委员会的成员国之一，但却对奉行国际条约禁止死刑不大感兴趣。1969 至 1993 年间，保守党议员曾多次（共计 13 次）建议下议院对某些种类的谋杀恢复死刑，如在 1982 年和 1983 年建议对恐怖主义行径导致杀人恢复死刑，在 1987 年建议对杀害儿童恢复死刑。这些建议遭到了挫败，理由如同 1957 年《杀人罪法》遭到废弃时

① 《上议院辩论》，第 268 卷，第 479～483 栏。

一样，选出一两种谋杀说它们该当死刑，但和它同样凶恶的犯罪却不被处以死刑，这必然会导致异常现象和不公正之感。

1994年，英国议会就恢复死刑这一问题举行最后一次辩论，结果绝大多数人反对恢复死刑。① 随后，在1998年，一项刑法修正案决定废除对海盗执行死刑（对海盗已多年未执行死刑），对叛国罪也不再执行死刑。② 在同一年，所有违反军事法律的犯罪也被废除了死刑。但直到1999年，英国批准《欧洲人权公约》第六议定书及《公民权利和政治权利国际公约》第二项任择议定书，才标志着英国最终抛弃了死刑。

20世纪中叶，在欧洲出现了独裁政府和法西斯政府，这给废除死刑造成了不可逾越的障碍。到1925年，许多欧洲国家已经废除在和平时期对犯罪行为执行死刑，而当政的独裁政府却宣布重新恢复死刑——例如，在1927年，意大利法西斯分子宣布恢复死刑。德国从来就没有废除过死刑，纳粹分子则把它扩大化使用：在第三帝国的统治下，超过16000人被判处死刑。葡萄牙、西班牙和希腊在20世纪70年代以前一直处于军事统治之下，直到成为民主国家之后才废除死刑。

等到这些独裁政府倒台后，废除死刑的步伐也随之向前迈进。前联邦德国1949年新宪法第102条对在所有情况下的所有犯罪废除死刑，尽管当时大多数民众支持对谋杀保留死刑。有一种观点直接把矛头指向保留死刑对国家造成的伤害。卡洛·施密特，德国社会民主党的主要政客，在此清晰地表述了他的立场：

"如今，我们不能从刑罚政策的角度审视死刑，而应该从基本

---

① ［英］加文·德鲁瑞：《死刑政治学》，载［英］加文·德鲁瑞、［英］查尔斯·布莱克主编：《法律与调查精神》，斯普林格出版社1999年版，第151、154页。

② 最后一个被执行死刑的人是二战时期纳粹德国广播员威廉乔·伊斯（人称"呵呵勋爵"），"呵呵勋爵"于1946年被绞死。

问题出发，并且必须排除有益的考虑。死刑就像折磨一样，是一种野蛮行径；有的死刑判决合法但却不公正，除去这点可能性以外，十分重要的一点是，国家每执行一次死刑就是在贬低自己。"①

与此同时，正如我们在上面所见到的，德国提出的这种"新动态"，即认为死刑是对人类普遍生命权的一种否定，人类要免受折磨人的、残酷的、无人性的惩罚，这在联合国及欧洲人权公约中也有所体现。随着关于人权的言论广泛传播，连那些保留死刑的欧洲国家也开始谨慎使用死刑，并为使用死刑而感到后悔，甚至羞愧，不愿在公众面前展示。当不得不执行死刑时，伴随的将是公众的不安和媒体的恶评。正如加兰在谈到欧洲时所说的：

"20 世纪末，死刑在每个地方、每时每刻都会引起争议。无论何时何地有人被判处死刑，该制度的合法性都有可能引起质疑。"②

这就是东欧将废除死刑以前的社会背景和政治背景。

东欧各国拒绝死刑

直到 1989 年，东欧国家及前苏联坚决地走上政府转型之路，这时人权原则才被稳固确立。其结果是，东欧国家不再把死刑问题仅仅看成是国家刑事政策的一个方面，而是关注它是否侵害了基本人权——不仅包括生命权，还包括免受过多的、压迫的、折磨人的惩罚，使无辜或不该受罚的人免受被处死的危险。③

这些国家是从极权压迫中走出来的，它们所奉行的价值观是以

① ［英］安德鲁·哈默尔：《终结死刑：全球视野中的欧洲经验》，麦克米兰出版社 2010 年版，第 5、65 页。

② ［英］大卫·加兰德：《特有机构：美国死刑制度研究》，牛津大学出版社 2010 年版，第 3、99 页。

③ ［美］富兰克林·E. 齐姆林：《美国死刑悖论》，牛津大学出版社 2003 年版，第 16～42 页；［美］撒格米·贝：《国家何时不再杀人：国际人权规范与废除死刑》，纽约州立大学出版社 2007 版，第 60～70 页。

民主和自由的名义保护公民的权利不受国家侵犯，使公民不为群众的意见所左右。从人权的角度来看，支持死刑的最顽固的理由（即：死刑是对犯罪的报应，需要告发犯罪、让罪犯为骇人听闻的罪行赎罪）不为人所接受。功利主义的理由也不为人所接受，该理由认为不这样严厉地实施惩罚，就不能对深思死刑罪的人形成充分而广泛的威慑。以上理由之所以不能被接受，原因首先在于大多数废除主义者认为，社会科学提供的证据无法支持"死刑是阻止谋杀所必需的"这一论断。他们还说，就算死刑的确具有一些微小的震慑作用，也只能通过迅速、强制实施的高死刑率来实现，而这必然会导致更高比例的无辜的人或被错判的人被处死，使被不公正地判处死刑的人（他们的犯罪情节已经被减轻，所以不应该被判处死刑）惨遭横祸。

1982 年，欧洲理事会议会通过了《欧洲保障人权和基本自由公约》（简称《欧洲人权公约》）第二议定书，标志着以人权条约议定书的形式出现、旨在禁止使用死刑的公约首次在欧洲出现。该议定书的第一条规定在和平时期废除死刑，但在战争时期或在面临战争威胁时，国家可以在法律中设立条款、使用死刑（依据第二条规定）。1989 年，联合国大会通过了《公民权利和政治权利国际公约》第二项任择议定书，该议定书第一条规定"在一当事国的管辖区内，没有人将被处死"。本条规定的第 2 款确立了一项重要原则，即"死刑不会在已废除死刑的国家恢复。"跟《欧洲人权公约》第六议定书一样，第二条规定也允许国家提出保留意见，规定在战争时期可以使用死刑，但该保留意见只能在批准或加入时被提出来。根据威廉·沙巴斯所说，"像这样的保留意见只制定了几个。"[①]

---

① ［加拿大］威廉·沙巴斯：《泽林一案的遗产：人权委员会与枢密院的司法委员会漫步死囚区》，载《国际比较法学季刊》第 43 卷（1994 年）第 4 期，第 913～923 页。

鉴于先前的这些议定书都把犯罪局限在和平时期，2002 年 5 月在立陶宛维尔纽斯通过了一项具有特殊意义的议定书，即《欧洲人权公约》第十三议定书，以发出"强大的政治信号"。成员国确信，每一个人的生命权是民主社会的一项基本价值，为了保护这项权利、充分承认全人类的内心尊严，废除死刑是必不可少的，于是终于"走出最后一步"，废除了所有情况下的死刑，包括在战争时期或面临战争威胁时实施的行为。

战后的两大政治实体（首先是欧盟委员会，紧接着是强大的欧洲联盟）开始并坚持从人权的角度处理死刑问题，它们决心把目标放大，从"一个没有死刑的大洲"变为"一个没有死刑的世界"。① 欧盟委员会和欧盟都宣布，"死刑在现代文明社会的刑罚系统中没有合法地位，使用死刑就如同使用折磨，死刑应被视为无人性的、可耻的惩罚。"② 欧洲人在语言上毫不让步。他们不能接受可以依据现实的宗教或文化背景保护死刑这一说法，不能接受死刑应该由主权国自己去定夺。因此，1998 年，欧盟通过了《关于第三国之死刑之欧盟政策方针》，开始采取外交上的攻势。这项文件表明欧盟的目的是"努力使（仍保有死刑的国家）废除死刑，这是所有欧盟成员国强烈坚持的政策主张"。该文件强调"废除死刑有助于提高人类的尊严及人权的逐步发展。"③ 2000 年 12 月，在法国尼斯举行的一次会议上，欧洲理事会与欧洲议会委员会一道，欣

① ［英］乔恩·约克：《欧盟反对死刑之政策演变：从内部弃权到全球意识（第一部分）》，《法庭之友杂志》第 16 卷（2006 年），第 23~28 页。

② 欧洲理事会议会第 1044 号决议，1994 年 10 月 4 日。

③ 欧盟理事会：《关于第三国之死刑之欧盟政策方针》，布鲁塞尔，1998 年 6 月 3 日，http://www. eurunion. org/legislat/DeathPenalty/Guidelines. htm；欧洲委员会：《死不公正：欧洲委员会与死刑》，斯特拉斯堡，2007 年；另见［美］E. 格陵：《欧洲身份与美国反对死刑的事业》，载［美］A. 萨拉、［美］C. 鲍兰格主编：《从比较视角看死刑的文化生命》，斯坦福大学出版社 2005 年版，第 112~128 页。

然通过《欧洲联盟基本权利宪章》草案，该草案第 2 条第 2 款规定"没有人将被宣判死刑或被处死。"①

　　欧洲理事会议会在一系列决议中呼吁全世界尚未废除死刑的所有国会议会，以大多数欧洲委员会成员国为榜样，迅速废除死刑。② 1994 年，欧洲理事会议会把立即中止死刑并在规定年限内签署和批准《欧洲人权公约》第六议定书作为任何一个希望加入欧洲委员会的国家都必须遵守的前提。四年后，也就是 1998 年，在欧盟的《阿姆斯特丹条约》把"废除死刑宣言"包括进来的一年后，欧盟也学着将其作为入会的前提条件之一。这项政策对东欧的多个国家具有巨大影响，这些国家都想成为欧洲委员会成员和欧洲联盟成员，从而获得政治上和经济上的好处。所有这些国家都已经废除了死刑，除了俄罗斯（俄罗斯已签署但未批准《欧洲人权公约》第六议定书，从 1996 年起实施暂停死刑）、塔吉克斯坦和白俄罗斯。由于白俄罗斯正在寻求加入欧洲委员会，因此将在适当的时间暂停死刑，再在加入后的三年内（如果能成功加入）废除死刑。

　　废除死刑这一正式要求对加入这些欧洲团体来说尽管很重要，但我们需要注意一点，东欧废除死刑的运动早在 1994 年以前就开始了，该运动始于 1987 年的德意志民主共和国。随着旧政权的倒台，死刑也在各国相继被取消：斯洛文尼亚 1989 年，前捷克和斯洛伐克联邦共和国 1990 年，罗马尼亚是在齐奥塞斯库政权垮台后的 1989 年末，匈牙利 1990 年。在立陶宛，尽管废除死刑经历了较长的时间，也并不是因为国会议员在 1998 年"为了国家的利益而

---

　　① 《欧盟死刑备忘录》（2000 年 2 月 25 日）指出，"罪犯是犯下罪行的人，但他们却也享有内心不可剥夺的尊严，与理性主义哲学、所有相关宗教和法律上所讲的尊严完全相同，死刑是对人类尊严的否认。"

　　② ［法］R. 沃兰德：《欧盟理事会的努力》，载欧洲委员会主编：《死刑在欧洲的废除情况》，1999 年，第 55～67 页及附录Ⅱ，第 171～184 页。

采取具有战略意义的国际政策"（意思是可能享受到加入欧洲委员会及欧盟的好处），而是因为死刑违背了基本人权，为了坚持原则而反对死刑。① 此时杀人案的数量正在上升，从 1990 年的 224 件上升到 1996 年的 442 件，公众对废除死刑的支持率从 27% 下降到 19%。国会议员针对这一变化在选民中展开大规模调查。调查结果显示，从整体上来说，民众对死刑的支持是偶然的，民众与法律界、政治界的精英大多认为保留死刑只是安全状况得到改善前的暂时措施。

在这一新动态下，死刑的废除过程及速度将在下列实例中予以说明。位于巴尔干地区的阿尔巴尼亚，自 1991 年独立后一直处于动荡之中，由于正准备加入欧洲委员会，因此十分迅速地想要废除死刑。该国最后一例死刑发生在 1995 年，一年后，议会主席宣布暂停死刑。1999 年 12 月，阿尔巴尼亚宪法法院裁定，死刑与 1998 年新宪法不一致，并在 2000 年 9 月把它从刑法中除去。② 波兰的最后一例死刑发生在 1988 年，随后对组织和领导严重的经济犯罪暂停死刑、取消死刑。1996 年，一部不包含死刑的新刑法在该国立法机关通过，并于 1998 年开始生效。1999 年，波兰在回应联合国第六次死刑调查时表示，该国废除死刑的动机是"政治意愿、官方调查、联合国的政策影响"的综合。在一份对刑法的解释性报告中，该国立法者宣布"死刑与人类的尊严、当代的价值观不

---

① ［立］A. 德比尼拉斯：《立陶宛废除死刑的经验》，载［立］P. 霍奇金森、［加拿大］威廉·沙巴斯主编：《废除死刑的策略》，剑桥大学出版社2004 年版，第 234 页。

② 关于阿尔巴尼亚废除死刑步骤的深入研究，请见［阿］R. 帕克皮亚、［阿］A. 依玛米：《精英服从与国家社会化：东欧废除死刑的情况》，载《人权国际期刊》第 12 卷第 3 期，第 353 ~ 72 页。

一致，它也不能阻止（人）犯罪。"①

乌克兰在1995年11月加入欧洲委员会，同意立即暂停死刑并在加入之日起的三年内批准《欧洲人权公约》第六议定书。但是，死刑仍在大规模继续，从1996年年初到暂停死刑的法案在1997年3月正式生效，乌克兰一共实施了180例死刑。时任司法部部长的瑟伊·赫洛瓦底，一个忠诚的废除主义者，控告乌克兰总统政治失职、没能签署法案暂停死刑。② 然而，民众和媒体强烈反对废除死刑却是不争的事实。1999年12月，乌克兰最高法院裁定刑法中所有涉及死刑的条款与乌克兰宪法第27、28条不一致。③ 最终，在2000年2月，乌克兰最高委员会（议会）将有关死刑的条款从《乌克兰刑法》、《诉讼程序法》及《监狱法》中去除。

结语

正如本文开篇所言，尽管欧洲废除死刑的过程各有不同，但也有一些共同的特点，其中最重要的一点是，政治界与文化界的精英不顾公众的反对毅然决定终止使用死刑。正如我们所见到的，二百多年前，英国思想家埃蒙德·伯克用"托管制度"这一概念为此过程提供了一条理由。对伯克来说，议员亏欠于他的选民（在伯

---

① ［波］A. 格林斯卡、［波］K. 斯克瓦萨、［波］R. 温泽瓦斯：《波兰废除死刑的情况》，载《欧安组织地区的死刑情况，欧安组织背景文件》，波兰华沙民主体制与人权办公室，2006年，第21页。

② ［乌］S. 霍洛瓦蒂：《乌克兰废除死刑实况：艰难与否?》，载《欧洲死刑废除情况》，欧洲委员会1999年出版，第145～147页。

③ 欧洲委员会：《遵守成员国承诺》（文件编号 AS/Inf. 2.），1999年，第124～125页；［乌］S. 霍洛瓦蒂：《乌克兰废除死刑实况：艰难与否?》，载《欧洲死刑废除情况》，欧洲委员会1999年出版，第145～147页；欧洲安全与合作组织：《欧安组织地区的死刑情况调查》，1998年1月至1999年6月审查会议，9月背景文件1999/1，第23～24页。

克写作的时候，妇女尚不具有选举权，因此他总写成"他的"）：

"……他公正的想法、成熟的辨别力、开明的道德，他不该为你牺牲、为任何人牺牲、为任何阶层的活着的人牺牲。你的代表亏欠于你，不光指他的勤勉，还指他的辨别力；若要他牺牲自己的辨别力而听信于你，他就会背叛你，而非为你服务。"

"一个市镇选区（例如布里斯托尔）会依据议员的品质挑选议员，一旦挑选完毕后，议员不必成为选民意见的奴仆：'当你选定他以后，他就不再是布里斯托尔的一员，而是国会的一员。'①

当然了，伯克是一个保守主义者——的确，他是英国保守主义政治思想之父。不过，需要注意的是，约翰·斯图亚特·穆勒却用几乎完全相同的措辞沿用了他的托管制度分析。按照穆勒所说，要想使社会不为未受过教育的群众的意见所淹没，就要保证在国会中永远有一个"知识更渊博的人为他们服务。"②

死刑及欧洲废除死刑的不同路径完美地体现了托管理论在实际中的应用。这也对代表或民主管理的本质提出了更深层的问题，这些问题中国在未来几年或数十年后也可能会遇到。

论证死刑正确与否不属于本篇的讨论范畴。令我感到万分惊奇的是，欧洲各界的精英们竟都持同一种废除主义观点。略微提一下，在美国，情况却刚好相反。我在开篇处讲过"辉格党式的"目的论历史观已经过时了。而我们所提到的那些精英们——以及那些把自己的价值观印在如今结成的这张国际条约和人权条约大网上的人——却会说，废除死刑是文明的象征，一个社会不能容忍审判杀人，就已经和野蛮告别了。

同样令人感到惊奇的是，采取代表管理模式的国家在废除死刑之后都没有重新将它恢复（公正地说，美国不属于这种情况）。正

---

① ［爱尔兰］埃蒙德·伯克：《对布里斯托尔选民的演讲》，布里斯托尔市政厅，1774 年 11 月 3 日。

② ［英］约翰·斯图亚特·穆勒：《关于代议政府的思考》，1861 年。

如我们所见到的，意大利于 1925 年之前废除了死刑：恢复它的是法西斯独裁者。而正如伯克、穆勒所预料的，尽管民众通常不支持废除死刑，但当死刑被废除派的精英们废除了的时候，民众一般也会接受。正如我们所见到的，英国议会就是否恢复死刑进行最后一次投票是在 1994 年，也就是 17 年前。毫无疑问，肯定有议员私下里想恢复死刑。但除去一些极右的报纸专栏外，没有任何媒体或公众支持他们。在英国，正如在其他大多数欧洲国家一样，死刑已不再是一个"活的"或有争议的问题。死刑一旦被终止以后，欧洲人就再也不去想它了。类似的过程能否在世界上其他地方出现？我们将拭目以待。

四、我国刑事立法的重刑倾向与《刑法修正案（八）》（草案）对涉及死刑等问题的修改

黄太云

【专家简介】　黄太云，男，全国人大常委会法制工作委员会刑法室副主任，北京师范大学刑事法律科学研究院疑难刑事问题研究咨询专家委员会委员。1982 年毕业于北京大学，1986 年 7 月毕业于中国政法大学研究生院。自 1986 年至今，在全国人大常委会法制工作委员会刑法室工作。其间 1991 年至 1992 年考取中英友好奖学金到英国诺丁汉大学法律系留学一年。

大家好，我在这里先讲一下我国刑事立法中的重刑倾向，再来讲一下《〈刑法修正案〉（八）》（草案）对这种倾向的调整。

一、社会各界对重刑威力的过高期望

（一）现在面临的治安形势——乱世用重典

我举个最简单的例子——窗户上安装防盗网。我们可以注意到，稍微大一点的城市中，高楼的窗户上都安装着防盗网，一个个排列得很紧密，从外面看里面的人就像呆在监牢里一样。为什么会出现这种现象呢？主要是小偷太猖獗了，只有安装了防盗网，才能

防止他们从窗户入室盗取财物，于是一楼的就安装了。但二楼、三楼他们为什么也装呢？主要是小偷偷不了一楼的了，就可以爬着防盗网上去，偷更多家的。于是一楼安了二楼安，二楼安了三楼安……国外根本就没有这种玩意，人家的窗户都是可以不关的。正是由于社会治安不好，来自各方面的压力，促使了我们的重刑倾向。例如，政府希望加刑加罪，保我一方平安。领导人也做这样的批示。老百姓更是希望把刑判得重一点，判得狠一点，用重刑来使社会治安好转，增强他们的安全感。

（二）刑法修正案在历次制定过程中面临的加罪加刑的强烈要求所带来的巨大压力

在《刑法修正案（六）》的制定过程中，人民银行、银监会等机构都提出，现在贷款放出去容易收回来难，过去想入罪还必须要求"造成重大损失"，现在我们应当只要求放出来的贷款"数额巨大"即可，不需要造成损失。而且，最高刑才15年有期徒刑，太低了，应当提高到无期徒刑。但我认为，你们金融机构不从自身的监管方面下工夫，而且老想着刑轻了，仅仅希望通过加罪加刑来遏制，根本无法从源头上解决这一问题。现实生活中这样的例子还少吗？中行开平支行一连三任行长，从1991年起相互勾结将4.83亿美元资产转往美国后潜逃，这么长时间竟然没有一个银行的内部人员注意到。直到他们三个都失踪了，上级过来检查审计时才发现。最后我们书面承诺保证不给他们判处超过10年有期徒刑的刑罚才把他们引渡回来，把流失的国有资产追回来。还有"邯郸银行金库被盗案"，一个小小的职员每天进入金库用手提袋装满现金往外拿，一个多月共提取了5095万元人民币都没人发现。他用其中的4000多万元买彩票，案发时只追回了500万。

还有一个例子是我国目前男女比例严重失调，计生委的报告显示，我国有的地方的男女比例竟然高达150：100。长此以往，将会有4000多万人娶不到媳妇，这势必要造成严重的社会问题。计生委经过研究认为，导致这一局面的罪魁祸首竟然是做B超检查的医生！正是他们鉴定了胎儿的性别，孕妇们才会选择流产，因此坚持要给他们定罪。我们知道，刑罚是最后一道防线，能够通过民事、行政手段解决的，就不应动用刑罚。我问他们：你们对这种情况有没有过处罚？他们回答：在 2007 年一共处罚了 100 多个医生，主要通过罚金、吊销执照等方式进行。但这些处罚力度还不够，应当入罪。我很奇怪，难道单凭这 100 多个 B 超医生，就能引起大范围的性别比例失调？在提交人大讨论时，这一提议引起了热烈的讨论，赞同的意见很多，反对的声音也有。其中，反对意见主要认为，我们国家的传统观念能够通过用刑来改变吗？造成这一现象的关键是生产力发展过于缓慢，很多农村人不得不采用"养儿防老"这种办法，因此，解决之道还是发展经济。目前北京、浙江等地一些富裕的农村中都实现了村里老人村里养，这样生男生女都一样了，就从根本上解决了这一问题。再说，即使认为 B 超医生的行为是犯罪行为，那至少也是共同犯罪，应该说，孕妇起到了造意的作用，是教唆犯。毕竟，医生只是鉴定出胎儿的性别，要不要流产完全需要由孕妇自己来决定，为何只处罚医生？再说，孕妇知道自己肚子里的胎儿是男是女，应当是最起码的知情权吧！此外还涉及一个非常重要的问题——取证问题。实践中，医生很少直接告诉妇女胎儿是男是女，而是要孕妇自身观察其面部表情，如果医生面带微笑地告诉你：恭喜，好好保重啊，那就基本上是男孩；要是医生一言不发，眼睛呆呆地望着天花板，长叹一口气，则很有可能是女孩了。我们总不能因为医生叹了一口气就定罪吧！

还有安全生产问题。在 2007 年前，我国几乎每周都会发生一次大的矿难事故。国家安全生产总局就提议，对未培训工人即令其下矿的要定罪，对矿难后隐瞒不报的应当定故意杀人罪。我们也很难认为这些要求都是合理的。

（三）修正案近年来在制定时的指导思想发生了变化

好在从《刑法修正案（七）》开始，在构建社会主义和谐社会的指导原则下，我们的指导思想发生了一定的变化，体现在逃税罪

（以前的偷税罪）的入罪门槛提高，打击面缩小；绑架罪的起始刑期降低等。以绑架罪为例，原来起刑就是10年有期徒刑，主要是因为以前的绑架者都是亡命之徒，为了钱财不择手段，往往给被绑架者的人身造成巨大损害。现在则不同了，很多绑架者采取了诓骗的手段，也没有对被绑架者的身体造成伤害。因此，将法定最低刑降到了5年有期徒刑。

二、重刑思想在立法和司法实践中的体现

（一）死刑罪名过多

我国刑法中共有68个死刑罪名。国际人权公约明确规定，死刑只适用于最严重的犯罪，一般就是指故意的谋杀罪。截至2008年底，共有95个国家和地区废除了所有犯罪的死刑，8个国家废除了普通犯罪的死刑，46个国家虽然保留死刑，但至少在过去的10年中都没有执行过一起死刑，即事实上废除了死刑。这样看来，在立法和事实上废除死刑的国家共有149个，只有47个国家还保留死刑。据联合国报告，2006年共有25个国家执行了死刑，其中91%发生在中国、伊朗、伊拉克和巴基斯坦。美国虽然有死刑，但是从立案到判处，平均历时12年，最长达到了20年，平均要花费200万美金。有人说，这些国家都是发达国家，和我们的国情不一样。但是看看我们的邻居印度，经济条件不比我们好吧，但印度在1996年到2000年这5年间，只判处了49人死刑。在2004年以后，几乎就没有死刑报告了。

这里插一句，我国还不是世界上死刑罪名最多的国家，韩国的死刑罪名比我国还多，他们一共规定了160余种死刑罪名。但从1948年到1998年这50年里，只执行了902起死刑，从1997年12月27日至今，从未执行过一起死刑。相比而言，我国不但死刑罪名多，实际执行的也多。

在1979年刑法典中，共用15个条文规定了27个死刑罪名，

其中军职犯罪 11 个。不过在 1997 年修改刑法前,死刑罪名已经达到了 71 个,在全部的 262 个罪名中占据相当大的比例。1997 年刑法经过历次修订,截至《刑法修正案(七)》,共规定了 444 个罪名,其中用 47 个条款规定了 68 个死刑罪名。

(二)羁押率高

最高人民检察院在 2009 年 4 月的报告中指出,我国目前的羁押率高达 90% 多。这是一个非常惊人的数字啊!日本的羁押率是 20% 多,英国和日本差不多,欧洲大陆要多一些,大概为 40%。有一年我们代表团去德国访问学习,德国的同行们问我们的羁押率是多少,我开始也认为 90% 的羁押率过高了,没敢说,就说了有 80%。结果,全屋子的德国人都跳了起来,他们惊讶地说:天啊,你们这么高的羁押率,要建多少看守所才能装得下啊!由于羁押的时间过长,导致现在一些法官只能押多长时间就判多长时间,判完后马上放人。

事实上,检察院提起公诉的案件,刑期在 3 年以下的,达到了 66% 以上,对于这么低的刑期,有必要都关进去吗?最高人民检察院近年来也在进行这方面的改革,比如 2007 年在山东临沂推行职务犯罪查清后取保候审实验,结果发现查清楚后的那些犯罪嫌疑人没有一个跑的。我还碰到过这么一个真实的案例,一个国家机关工作人员,涉嫌重婚罪,结果警车开道,一大帮人来到他工作的地点,冲进去直接往他手上戴手铐,在众人的围观下大张旗鼓地开走了。不就是一个小小的重婚罪吗,用得着这么兴师动众,非要把人家抓起来吗?

2012 年刑事诉讼法修改,怎么改,还得吸收大家的好经验、好想法。这里我提一个问题,就是流动人口的犯罪问题。在大中城市中,流动人口占到了 50% 以上,北京、上海、广州等地更是达到了 70% 以上。对于流动人口如何进行关押,还请各位多想想办法。

（三）假释率低

根据司法部 2009 年 4 月的材料，加拿大的假释率为 80%，英国、俄罗斯与韩国都为 45% 左右，香港为 66%，我国则不到 2%。最高人民检察院的材料则表明，2001 年到 2007 年，我国的假释率仅为 1.28%！

（四）判刑重

在中国，传统观念还是不杀不足以平民愤，大家更倾向于死刑、无期徒刑等重刑。而在德国，全国共有 8000 万人口，每年有 450 万起刑事案件进入审查程序，法官每年约受理 100 万件刑事案件，其中 75% 有判决结果。而在所有被判有罪的案件中，大约 80% 被判处罚金，20% 被判处自由刑，10% 被判处的还是缓刑。

这里需要说明的是，我国的很多治安案件，在德国都是刑事案件，而我国治安案件每年就有 1000 余万起，刑事案件则超过了 500 万件，犯罪率可谓是不低了。判刑很重，但效果难道就比德国好吗？

三、重刑能否解决犯罪问题

（一）重刑能否威慑、遏制犯罪？

我们以受贿罪和行贿罪为例。在 1979 年刑法典中，受贿罪的法定最高刑为 15 年有期徒刑，1988 年的补充规定提高到死刑，当然，这个是有"严打"的因素在里面。行贿罪的最高法定刑只有 3 年，而 1988 年被提高到无期徒刑。提高的力度不可谓不大，但我国的受贿犯罪率难道有大幅度下降吗？我对实际状况不好加以评论，来看一下最高人民法院相关的材料。他们认为，我国贪污贿赂犯罪的新特点是：省部级干部犯罪率上升。选 1988～1997 年和 1997～2007 年两个阶段来比较，前一个阶段中省部级干部受贿共 11 件 11 人，后一个阶段则是 42 件 42 人。体现出的趋势是：犯罪数额越来越大，第一个阶段最高才 52 万元，第二个阶段则集中在 500 万~1000 万之间。可以说，第二个阶段随便拿出一个"中贪"，就比第一个阶段所有人贪的总和都多。此外，窝案、串案比较突出。2007 年 7 月 8 日，两高出台的受贿罪意见中，又规定了受贿的十种新形式，可见，受贿罪还是不断地在向前发展的，重刑又产生了多大的作用呢？

因此，要想从源头上遏制受贿罪，关键是要建立权力运行的监督制约机制。权力导致腐败，绝对权力导致绝对腐败，我们应当格外重视制度建设的重要性。有记者曾经采访过多个落马的市纪委书记，问他们为什么走上犯罪的道路，他们的回答惊人的一致——"我是纪委书记，我敢查他们，他们谁敢查我？"如果不从制度上解决，我们还会重蹈沈阳市领导集体落马、河南省三任交通厅长前"腐"后继的覆辙。胡总书记曾经指出，对于反复出现的问题，我们要从规律上找原因；对于普遍存在的问题，我们要从制度上找原因。说的就是这个道理。

2007 年，我们人大法工委前往俄罗斯、冰岛、瑞典等国访问学习。俄罗斯太腐败，这里就不多说了。冰岛、瑞典、挪威、芬兰这几个国家，绝对是世界上最廉洁的几个国家。瑞典法律明文规定，公职人员接受礼物超过 5 欧元的，都应当交公，否则就是犯罪。我们国家不是没有这样的规定啊，刑法第 394 条贪污罪规定："国家工作人员在国内公务活动或者对外交往中接受礼物，依照国家规定应当交公而不交公，数额较大的，依照本法第三百八十二条、第三百八十三条的规定定罪处罚。"但实践中操作了吗？法律再好，如果不执行的话，也只是一个摆设而已。

（二）死刑太多有副作用

一个国家的文明进步不是体现在死刑多这个方面吧！

（三）正确的刑事政策

我们应当采用这样的死刑刑事政策：在相当长的历史时期内保

留死刑，但慎用死刑，逐步减少死刑—从司法上控制死刑—在立法上减少死刑—减少财产犯罪、经济犯罪的死刑—减少非剥夺他人生命的普通暴力犯罪的死刑—减少腐败犯罪的死刑。

自从最高人民法院 2007 年收回死刑复核权后，死刑适用的状况有了很大改观。实际执行的死刑数量大幅下降，有的地方甚至减少了一半还多。核准死刑要慎重，否则，用刘家琛院长的话说："你们老的时候走夜路时，会有鬼追你们！"死刑复核权收回的时候还有很多人担心少判死刑会导致治安混乱。但现在治安一点也没有乱，反而命案以 3% 的速度逐年递减。

四、《刑法修正案（八）》（草案）对涉及死刑等问题的修改

（一）中央提出了司法体制改革任务

改革意见要求：完善死刑法律规定，适当减少死刑罪名，调整有期徒刑和死刑之间的结构关系。

（二）拟减少 13 个死刑罪名

《刑法修正案（八）》（草案）拟减少 13 个死刑罪名，分别是走私文物罪，走私贵重金属罪，走私珍贵动物、珍贵动物制品罪，走私普通货物、物品罪，票据诈骗罪，金融凭证诈骗罪，信用证诈骗罪，虚开增值税专用发票、用于骗取出口退税、抵扣税款发票罪，伪造、出售伪造的增值税专用发票罪，盗窃罪，传授犯罪方法罪，盗掘古文化遗址、古墓葬罪，盗掘古人类化石、古脊椎动物化石罪。以上拟取消的 13 个死刑罪名，占死刑罪名总数的 19.1%。我们在征求意见时，还有的部门和同志提出，能不能消减更多的死刑罪名，如建议取消集资诈骗罪、运输毒品罪、组织卖淫组、走私假币罪等的死刑。

我国共有 68 个死刑罪名，截至目前用过的还没超过一半，只

有 31 个罪名。危害国防利益罪与军职罪的死刑从制定以来还从来没有用过。实际适用的死刑案件中，侵犯公民人身权利的达 60%，财产、经济犯罪则占 30% 左右。司法实践中最常用的也就是五个罪名。其中故意杀人罪占 50%，抢劫罪占 30%，毒品犯罪占 10%，故意伤害罪 + 绑架罪占 7%，合计达到了 97% 以上。我认为，不是把没用过死刑的罪都去掉，毕竟，没用过的留着也没什么不方便，以后还难免不会再用，而是对只要一年用不了 10 个的罪名，都没有保留的必要。以盗窃罪为例，因盗窃金融机构和珍贵文物被判处死刑的，全国一年最多时也不超过两个，最少时一个也没有，就没有必要保留。更何况，有无死刑和有无犯罪并没有多大关系，靠死刑遏制犯罪是一相情愿的事情，是不可能有效果的。

下面简要说几个争议较大，但没有废除死刑的罪名。

首先是集资诈骗罪。有人主张，要考虑到受害人自己也有贪利的动机，存在一定的过错。而且，尽管诈骗的总金额很大，但分摊下来，每个人损失的数额也就不是很大了。我们认为这种观点还是有一定道理的。

其次是运输毒品罪。实践中，我们抓获的大多是马仔、穷人，真正的头目、大毒枭反而逍遥法外，因此主张废除该罪死刑的观点也有道理。但我们主要考虑到这是一个选择性罪名，即使废除了死刑，总的罪名数还是没有减少。何况，我们可以通过司法控制来减少死刑的适用，也就无需直接在立法上取消。毕竟，毒品犯罪在有的地方还是很严重的。

组织卖淫罪的理由也差不多，主要原因也在于它是一个选择性罪名。大家普遍主张废除该罪的死刑，理由在于犯罪人仅仅把有卖淫意向的人组织起来卖淫而已，并没有对其生命、健康等权利产生危害。

还有走私假币罪，在实践中判决的也比较少。

结合上述分析，为什么要废除这 13 个罪名呢，主要是考虑普通老百姓的意见，看是不是大多数人都赞同废除，接受的程度怎么样。我们希望人大审议后，能把这 13 个罪名都保住，要是能加上上述几个罪名的话，就更好了。

（三）限制被判处死缓罪犯的减刑

《刑法修正案（八）》（草案），将刑法第 50 条修改为："判处死刑缓期执行的，在死刑缓期执行期间，如果没有故意犯罪，二年期满以后，减为无期徒刑；如果确有重大立功表现，二年期满以后，减为二十年有期徒刑；如果故意犯罪，查证属实的，由最高人民法院核准，执行死刑。""对被判处死刑缓期执行的累犯以及因故意杀人、强奸、抢劫、绑架、放火、爆炸、投放危险物质或者有组织的暴力性犯罪被判处死刑缓期执行的犯罪分子，人民法院根据犯罪情节等情况可以同时决定在依照前款规定减为无期徒刑或者二十年有期徒刑后，不得再减刑。"这主要基于我们刑罚结构目前存在的问题：生刑太短，死刑太严，生死两重天。据资料显示，我国被判处死缓后假释时间最长的为 29 年，最短的为 14 年，平均为 16 年；被判处无期徒刑后假释时间最长的也是 29 年，最短的为 10 年，平均为 14 年 9 个月，基本上和判处死缓的相同，不是很协调。因此，通过修正案的规定，将使得罪责刑更加相适应。

（四）宣告对假释罪犯的监督管理

《刑法修正案（八）》（草案）将刑法第 81 条修改为："被判处有期徒刑的犯罪分子，执行原判刑期二分之一以上，被判处无期徒刑的犯罪分子，实际执行十年以上，本法第五十条第二款规定的原判死刑缓期执行，减为无期徒刑后不得再减刑的犯罪分子，实际执行二十年以上，原判死刑缓期执行，减为二十年有期徒刑后不得再减刑的犯罪分子，实际执行十八年以上，如果认真遵守监规，接受教育改造，确有悔改表现，人民法院认为其没有再犯罪的危险的，可以假释。如果有特殊情况，经最高人民法院核准，可以不受上述执行刑期的限制。""人民法院对犯罪分子决定假释时，应当考虑其假释后对所居住社区的影响以及是否具备有效监管的条件。"将第 83 条第 1 款修改为："有期徒刑的假释考验期限，为没有执行完毕的刑期；无期徒刑的假释考验期限为十年；本法第五十条第二款规定的原判死刑缓期执行，减为无期徒刑后不得再减刑的犯罪分子的假释考验期限为十五年。"

（五）适当延长有期徒刑数罪并罚的刑期

《刑法修正案（八）》（草案）将第 69 条第 1 款修改为："判决宣告以前一人犯数罪的，除判处死刑和无期徒刑的以外，应当在总和刑期以下、数刑中最高刑期以上，酌情决定执行的刑期，但是管制最高不能超过三年，拘役最高不能超过一年，有期徒刑最高不能超过二十年，其中有期徒刑总和刑期在三十五年以上的，最高不能超过二十五年。"

我国刑法规定，数罪并罚最多不能超过 20 年，是全世界最低的。最高人民法院和最高人民检察院都建议将上限提高到 30 年，我们认为还是不要普遍都延长，否则将会给监狱管理带来很大难题。我们考虑还是基本维持目前标准。所有刑期加起来达到 35 年也不是一件容易的事，证明其绝对不是一个普通的小混混，肯定是一个罪行非常严重的犯罪分子，应当受到严惩。

（六）老年人犯罪从宽处罚

不犯罪的人不管他多少岁还是不犯罪。不可能因为刑法规定对 75 岁以上老人犯罪都不判处死刑，原来不犯罪的老年人就纷纷跑去犯罪了。这一点首先历史上有依据，《唐律》中就非常明白地规定了对老年人从宽处罚的原则。其次，老年人犯罪能力较年轻时已经大大减弱了，所犯的罪行一般都不是太严重，社会危害性较小。再次，他们的再犯危险性也非常低，甚至可以说没有——75 岁还能在监狱里呆上几年呢？最后，从司法实践来看，75 岁以上还能犯被判处死刑的罪的，这么多年来还没有一个呢！

（会务人员根据现场记录整理）

五、刑事诉讼法
再修改与刑事诉讼实践

龙宗智

【专家简介】 龙宗智,男,法学博士,四川大学985 工程法学创新平台首席科学家,四川大学法学院教授,博士生导师,法学研究所所长,兼任西南政法学诉讼法学博士生导师,法学研究所研究员。多年从事法律工作,曾任大军区检察院大校副检察长,2002 年至2006 年任西南政法大学校长。系教育部法学教育指导委员会副主任,最高人民法院特邀专家咨询员,最高人民检察院特邀专家咨询员,中国法学会检察学研究会副会长,刑事诉讼法学研究会副会长,国家社会科学基金项目法学学科评审组成员,国务院政府特殊津贴获得者、省级学术、技术带头人,中央联系的"国家级专家"中国法学会诉讼法学研究会刑事诉讼专业委员会委员,中国政法大学诉讼法研究中心特约研究员、中国检察官学院兼职教授。

一、历史回顾

首先回顾一下我们这么多年来刑事诉讼制度改革和发展的情况。这次刑事诉讼法修改,是在1996 年刑事诉讼法修改基础上的一个局部性的调整。1996 年解决了一些框架性的问题，这次主要是对一些不太符合刑事司法实践，不太符合刑事诉讼发展需要的规定做一些调整。总的说来是在 1996 年框架之下的调整，没有大的模式、构架上的变动。1996 年刑事诉讼法修改的方向还是正确的，改革比较有力，效果也比较明显。1996 年刑事诉讼法修改后，刑事诉讼程序有较为突出的进步和成效，主要表现为以下几个方面：

一是增强诉讼的对抗性，法官的中立地位得以体现。

二是增强庭审的实质性，一定程度上克服了先定后审。当然，现在也有新的问题。有人说过去是庭前实体审，现在是庭后实体审。我曾写文章论述过这个问题，建议建立以一审庭审为中心的事实认定机制。它涉及三个问题，第一个是侦查和审判的问题。以侦查为中心还是以审判为中心，还是审判切实发挥它的认定事实、决定适用法律的这种判决的功能。第二个问题涉及以一审为中心还是上诉审、再审、死刑复核等上级审为中心。我们说一审是基础，但是最高法院又讲：二审是关键。这个关键和基础怎么理解？因为中国体制不管哪一方面，其行政机制的渗透是很严重的。行政机制的特点就是：上面高明，上面有权，所以就比较容易以上面为中心，而非以下面为中心。因此，要以一审为基础实际上比较困难。但是事实认定应当以一审为中心，否则我们认定的准确性就有问题。还有一个问题是要以庭审为中心，而不是以庭下审、庭后审、审判委员会审为中心。这也是目前一个十分突出的问题。

三是简易程序发挥作用，诉讼效率得到提高。

四是司法改革初见成效，程序功能进一步发挥。过于刚性的刑事司法，增加了某些有利于和谐的因素。特别是我们这种打击体制，使它相对柔和一些，得到了各方面的肯定。还有就是量刑规范化的推动，在实体方面防止法官过于自由裁量；程序方面在必要的时候和定罪程序相对分离。当然，现在量刑规范化也存在一定的问题，刑事诉讼法最新修改也在考虑这个问题。还有未成年人司法制度的发展。未成年人司法制度就是一个没有多少分歧的问题。因为未成年人是社会的希望和未来，其理应受到各方面的关注和保护。有些问题在大的方面难以展开、难以推动，就从某些大家没有分歧的具体问题，比如说宽严相济的贯彻、和解制度的推动、程序正当化的努力，我们就在未成年人方面多做一些，先走一步，然后再把它进一步规范。从一个最薄弱、最容易推动的环节做起，是我国司法改革的一个推进点，也比较符合我一直主张的相对合理主义的那种由技术到制度的改革进路。还有就是刑事证据规则的建立和司法运用，尤其是非法证据排除开始起步。非法证据排除规则是从去年开始实际建立的，过去刑事诉讼法的规定由于可操作性不强，只是一个象征性的规定，没有实际效用。当然，我们最近也做过一些专门的调研和分析。由于体制性的原因，非法证据排除在实践中还非常困难。有时候我们法官即使知道证据来源是有问题的，也还缺乏敢于排除的胆量。但是毕竟开始起步了，这就一个进步。当然，这个进步中也包含了一系列的问题，甚至有的方面还有所退步，还在徘徊。这次刑事诉讼法修改是在原来体制下的调整，所以人大部门的指导思想也比较注重发展而非否定 1996 年刑事诉讼法。

二、法院刑事审判所面临的突出矛盾

第一个矛盾表现在审判功能上，有效进行司法审查的中心主义要求和体制以及资源保障不足的矛盾。我们法官要审查程序，决定案件实体公正。但是，在目前的机制下，我说中国在刑事司法中有两个体制。一个是三角的构造：控、辩、审，法官居中裁判，控辩诉讼对抗，控辩平等，控辩分离，法官居于其间，居于其上。这是任何一个诉讼的基本构成。因为司法和行政不一样，行政是你大我就服从，是上下级之间的关系，我决定你服从。但司法一定要有控辩双方，或是原告被告这样的当事人，然后由法官居中裁判。有争议、有冲突，双方形成一个诉讼，然后法官来接受这个诉讼，审查这个诉讼，听取控辩意见，决定程序和实体公正。这就是法官在三角构造体制中的作用。

但是我国刑事诉讼还有另外一个构造，就是线性的构造。即从侦查到起诉再到审判，案件的流转形成了一种职权互动，一种国家权力的互动。侦查、起诉、审判，分别对应公安、检察、法院。这个构造也是一个很强势的构造，在中国法律中由宪法来保障，来体现。我国宪法明文规定，公安、检察、法院在刑事诉讼中分工负责、互相配合、互相制约。这就是一个水平线的构造，一家管一段，谁也不是老大。我们过去说的，公安是做饭的，检察是端饭的，法院是吃饭的，这么一个构造在实践操作中往往面临侦查中心主义。法院没有一种实体的审查，在程序控制方面控制不了审前的侦查和公诉过程，对其没有审查的功能。而且，实体处理权也非常有限，很多事情不一定能够定的了，因为侦查机关把很多证据都隐藏了。法官审理案件主要依靠的是笔录证据，属于二手的证据。只有在直接审理的情况下，即法官直接面对证人、面对言词证据的情况下，其才能真正地发挥出自己的作用。否则，他就是一个二手材料的审查，很多问题是在侦查环节就已经被铸成，法院的权威、法院的作用就十分有限。

有几个案件也体现了法官的权威受损，公信力不够。二三月份的河南天价逃费案，一个农民开伪造车牌的军车，运送河沙逃费368万，判了无期徒刑。网络上炒得很厉害。怎么农民开军车，逃费能逃300多万，被判处无期徒刑呢？我听说他卖河沙赚了二三十万，如果不逃费反而要倒贴300多万，觉得这个案件判得非常好笑。法院表示：我们这个案子事实确凿、证据确实充分，以此来维护自己的面子。话音未落，一两天之后，关在派出所里的被告就出来举报，说这个案件不是自己干的，是自己兄弟干的，自己不过是冒名顶替而已。法院一看弄错了，赶紧改判。速度还挺快，河南省高级人民法院很快就召开新闻发布会，处分法官。大家说这也有问题，因为上下级之间是指导关系，责任人并不是你直管的，你怎么能处分人家法官呢？我也写了一篇文章，不过不是从上述角度写的，我说的这个问题你们可能没有注意到。我认为，河南省高级人民法院、平顶山市中级人民法院做了一件很可笑的事情。我发的文章题目叫做《生效判决犹在，公诉焉能撤回》。河南"天价过路费案"，因证据发生重大变化，平顶山市中级人民法院于 2011 年 1 月 14 日决定再审。1 月 16 日在河南省高级人民法院召开的审判问责新闻发布会上，平顶山市中级人民法院建议检察机关撤回起诉。1 月 17 日，平顶山市人民检察院宣布对该案撤回起诉。然而，在极为迅速的程序演进中，一个重要问题被忽略了——法院刚立案再审，尚未开审，更未裁判，法院原判仍属生效判决，怎么能让检察院把公诉撤回呢？你法院要求检察院把公诉撤回，就没有把你自己的生效判决当回事。要是这样的话，你一判我败诉，我马上撤回起诉行不行？肯定不行！

5 月份又有一件事情。张军副院长说了句醉驾也要看情节，可以适用刑法第 13 条但书。我认为，张军副院长的这个说法还是有道理的，总则指导分则每一个条款的适用是没有问题的。但是，他在处理发言时，说法容易引起歧义。危险驾驶罪的条款中规定，一醉二驾就要入罪，这是非常清楚的。如果我们在后面加上"情节严重"就是曲解法律了。用我的话来说，就是涉嫌司法越权。这样老百姓就都来抨击最高人民法院，"说有罪就有罪，无醉也有罪；说无罪就无罪，醉了也无罪。"公安部马上叫板，说醉驾一律立案；检察院也起来叫板，说醉驾一律公诉。最后最高人民法院也被迫来了一个"不知名的最高人民法院负责人答记者问"，再不提醉驾也要看情节。

2009 年沈德咏副院长在最高人民法院的一个会议上说，当前民众对司法不信任的蔓延，是一种非常危险的情况。七八月份，李昌奎案使法院更处于风口浪尖之上。李昌奎两条人命两个罪：强奸与杀人，网上被戏称为"赛家鑫"。但是，药家鑫被死刑立即执行，李昌奎却保住了一条命。网上就一片叫骂声：两个案件一个轻一个重，为什么轻的判死刑，重的判死缓？云南省高级人民法院的田成有副院长，也是我的硕士同学，看到这种情况就赶快出来回应，关键就两句话：我们不要以民众狂欢的方式来判决一个死刑犯；这个案子十年以后可能成为一个标杆。麻烦马上就来了，更加受到舆论的批判。田副院长毕竟是学者出身，思想比较开放，自己对这些话也没有太注意，警惕性不够。而且，不是在正式的新闻发布会上说，而是接受记者的电话采访时说的。这话说了仅仅两天，云南省高级人民法院就决定再审，马上改判死刑立即执行，这让田副院长十分尴尬。

因此，要维护法院的权威和公正性，就要坚持以审判为中心，否则老百姓都是很支持你。再加上在我们这个体制中，侦查比较强势，我们又坚持稳定压倒一切，这就需要依靠警察，从而导致了警察是决定性的因素，侦查决定审判，法官的作用相对而言就比较次要了。

刑事诉讼为什么要以审判为中心？首先要有一个公正的架构。就像我们法庭的基本布局一样，控辩对抗，坐在下面，地位低一些；法官坐在中间，地位高一些。过去的职权主义导致了下列情况：如同法国原来的重罪法庭，检察官都是坐在法官旁边的。我国台湾地区过去也是一样。这会给人造成法官与检察官联合起来对付被告的印象，影响诉讼公正。其次是需要有一个实施法律的权威机构。再次是需要对案件，尤其是对案件的实体问题进行有效的司法审查，而不是走过场。走过场的话，最大的问题在于判决的时候责任在法院。无论是赵作海也好，佘祥林也好，杜培武也好，法院都在负责。但法院对庭前程序、侦查程序中取得的证据又不能进行有效的审查或者司法排除，这就和法官的责任相矛盾。如果不能有效把关的话，出了问题后就要承担社会的责任、道德的责任和法律的责任。第四点原因是对诉讼权利进行有效的保障。要想公安、检察去排除非法证据，就好比是与虎谋皮，是很难做到的。还是要靠法院作为一个中立的裁判机关，有一个诉讼权利保障的功能，有一个司法审查保障案件质量的责任。

当前刑事诉讼法的第一个问题，也是最大的问题，就是没有建立一个有效的程序实施机制和权利保障机制。我们的特点是一个自运行机制，到处都体现监督。前几年开过一个关于监督的研讨会，有一个学者有一句话说得很响亮：中国对司法的监督是全世界最多的，但中国的司法可能是最不公正的司法之一。司法公正不公正我不好讲，但司法不廉洁确实在其他法治国家比较少见。在现在这种情况下，不能没有监督，但只靠外部监督也不行，关键是要加强法官自身监督，建立高素质、高保障的法官队伍。第二个问题是证据上的侦审连接式构造。我们法官现在常用的是二手证据进行判案，而刑事诉讼法上的直接言词规则要求使用第一手证据判案，现在我们还做不到。第三个问题是刑事诉讼司法的一体化架构。第四个问题是控诉法特殊法律地位和审判独立、中立和审判监督。检察院是法律监督机关。检察官客观主义要求其不要超越控方角色，不要动不动就说法律监督。最重要的两条诉讼规律：第一条——维系控辩平等，否则就没有一个公正的审判。第二条——尊重审判权威。因为审判的权威就是法律的权威。我们现在有些检察官上法庭，公诉发言第一句话就是"我代表某某人民检察院出庭支持公诉，并对审判实施法律监督。"这个问题我们不要走回头路，因为1996年刑事诉讼法修改的时候已经明确把这条改成了事后监督、集体监督，而不是让个人当庭监督。以加强监督的幌子回到以前的做法，不符合立法的规定。其导致的问题就是审判独立性与审判中立性难以维系；审判对审前程序的制约、约束功能不能发挥；审判对程序破坏、权利妨碍的救济功能难以实现；有效的司法审查功能难以发挥。怎么做呢？我的基本想法还是：

第一，坚持法治原则。法院要注意法律效果和社会效果相统一。对于刑事法官而言，法律效果就是社会效果，二者并没有多大区别。学刑法的人都知道，犯罪是否构成，其最重要的因素是社会危害性。此外，刑法适用必须受到罪刑法定原则的制约。

第二，努力使侦查中心向审判中心转变。办案法官怎么建立司法权威？就是要顶住压力，抓住某些案件，敢于判无罪。该说"不"的时候就要说"不"。只有这样才能建立权威。当然，权威主要还是要靠制度来支持，同时也不能乱说"不"。

第三，依法、独立行使审判权。我们现在存在的主要问题在于法官们坚持的底线不够。现在很多法官、检察官，明知道不该判的判了，一点心理压力也没有，把说假话作为一种习惯。这就需要我们重建司法伦理。

第四，发挥法院的司法审查功能。作为法院，不仅要进行实体审理，还要进行程序审理，否则其实体审理的功能会大大减弱，案件质量会大打折扣。为了保障公民的权利、案件的质量，包括证据的合法性、有效性，应当对审前程序进行有效的控制。现在对强制侦查完全是自运行、自己审批，合不合理？对强制侦查如无外部节制，对公民与组织的权益的不当侵犯将不可避免。这种外部节制，就是建立强制侦查的司法审查制度。即以独立、中立的司法权，对强制侦查进行事先审查，或以司法救济的方式对强制侦查行为进行事后审查及诉讼救济，以达到保障公民合法权益的目的。

第二个矛盾是在政策执行上，宽严相济和打击主义、重刑主义之间的矛盾。在实践操作中，往往比较困难。因为我们整个体制强调打击，严刑峻法、乱世用重点这种重刑主义思想往往使得宽严相济的刑事政策不能有效贯彻。

宽严相济的刑事政策是社会转型的必然要求，因为在转型期内，矛盾凸显，犯罪高发。从实践原因上讲，是对长期严打的反思。如果我们只是讲"严"，不讲宽严相济，就不能有效地实践刑事司法既要实现社会控制又要建立和谐社会这一要求。因此，要建立和谐社会，就要宽严相济。我的一个校友给我讲，他在云南工作的时候，云南有的村子家家都有死刑犯，他们怎么能不对政府产生抵触情绪？又怎么能构建一个和谐的村子呢？但是，"严打"示威和打击体制长期以来使我们的宽严相济刑事政策不能有效贯彻，特别是对某些犯罪，有些时候在有些地区，和领导的思维、治安的形势、政策运动的要求容易发生矛盾。因此，宽严相济刑事政策在有些地区难以有效实施，有些地区则是左右摇摆。

宽严相济在实践中如何应当贯彻呢？我把宽严相济概括为三个方面：亦宽亦严，区别对待，该宽就宽，该严就严；相济互补，协调互动，以严济宽，以宽济严；"宽"字为先的谦抑原则。有人说，中国目前犯罪高发，现在讲严打，"宽"字为先根本做不到，不合国情。我并不这么认为，理由主要在于：第一，我们讲惩办与宽大相结合，是"惩"字当头。现在我们讲宽严相济，从字面上说，是"宽"字为先。这就是政策的调整，而不是改变。第二，现在不管实体法也好，程序法也好，立法的精神都是"宽"字。大家知道，刑法有一个谦抑原则，即刑事司法手段的运用，刑法圈的划定——什么是犯罪，什么不是犯罪，一定要限制在一个最小的范围，不要随意扩大打击面。因为刑事司法是最严厉的惩治手段，如果扩大了打击面，就不利于和谐社会的构建。程序法也有一条，叫做"无罪推定"。在司法实践中体现为我们经常说的一句话：就低不就高。"宽"字为先和就低不就高没什么区别。当然，我要专门说明，"宽"字为先不是"宽"字为主。该严就要严，甚至我也不主张现在就废除死刑，比如说李昌奎案件，判处死刑没有什么不妥的地方。只是说能宽的时候就宽，首先想能不能宽，如果不能的话该严就严。这是人道主义的体现。我们司法这样操作，老百姓也能接受。

前段时间讨论醉驾、讨论扒窃入罪的问题，讨论非监禁化、非犯罪化的问题。这次刑事诉讼法修改，也准备解决一个问题：限制逮捕条件，把逮捕的必要性具体化。过去的条件是适用取保候审或监视居住不能防止其社会危害性，有逮捕必要的。但在司法实践中，有逮捕必要的这条根本不讲。检察院批捕的时候就是两条：第一，有证据证明有犯罪事实；第二，应当判处有期徒刑以上刑罚。现在刑事诉讼法的修改，就是要贯彻宽严相济。比如说，有重新犯罪可能，有毁灭、伪造、隐匿证据，干扰证人作证或者串供可能的，才需要逮捕。如果没有这几种可能性的，就不要逮捕。还有关于非监禁化的讨论。我们说，关起来当然有好处，比如说在一定时间内避免对社会的危害。但对于一些犯罪人而言，特别是青少年犯、初犯，进去一下学了一些犯罪技能，交了一群狐朋狗友，出来以后的危害性反而会更大。所以，这个问题应当加以重视。还有和解制度的构建，是这次刑事诉讼法修改专门建立的一个制度。不过，立法机关担心会造成"以钱买刑"，社会反应大，所以和解制度被明确限定在因民间纠纷引起，涉嫌刑法分则第四章、第五章规定的犯罪案件，可能判处 3 年有期徒刑以下刑罚的；除渎职犯罪以外的可能判处 7 年有期徒刑以下刑罚的过失犯罪案件，而且也没有说和解之后就无罪，可以说是采取了一种比较谨慎的做法。但是我觉得，虽然制度上限定得比较严，但和解精神在司法上的贯彻可以比较宽，比如 3 年以上的案件甚至死刑案件，和不和解、被害人原不原谅，在量刑上一定要考虑。

三、刑事诉讼法修改的基本情况

总的评价是总体性的调整时机还不是很成熟，多方利益博弈造成改革的难度比较大。这点刑事诉讼法和刑法不同。从 1997 年至今，刑法已经有八个修正案了，每个修正案都有不少的内容。刑事诉讼法从 1996 年修改到现在也经过去十几年了，但一个修正案都没有。问题在哪里？多方博弈。这是一个蛋糕，公民权利一块，国家权力一块，谁大谁小？公检法司几家也在分蛋糕。刑事司法资源有限，这个蛋糕怎么分？既涉及价值问题，也有利益的问题，所以难度比较大。这其中有部门利益，也有整体思维的影响。稳定压倒一切，在这一要求下要进行大的调整是比较困难的。但也要看到，立法机关和立法机关的有关人员在有限的空间内还是在努力做到有所改变，在公民权利保障、诉讼程序正当化方面还是作了一些调整，能够看出来他们在这些问题上的用心。大的机制、体制变不了，就在具体问题上尽量符合诉讼规律。

从刑事诉讼法改革的规模上看，此次是中改的规模。原来打算小改，在 8 月份通过一个修正案就完了。但这次由于改的内容比较多，以常委会修正案的方式不太合适，要经常委会审议之后交全国人大，采取 1996 年刑事诉讼法修改的那种方式，实际上是中改。还有一个问题是国家权力过于强大而制约不足、公民权利过于弱小而保障不够的情况没有发生本质的改变。不过，这个问题本质上不是一个刑事诉讼法的问题，而是一个司法体制的问题。

这次刑事诉讼法修改，还有一些不合理的地方，如社会上反响比较大的几个问题——老百姓反映的很多问题还是有道理的。

比如说草案第 36 条："拘留后，应当立即将被拘留人送看守所羁押，至迟不得超过二十四小时。除无法通知或者涉嫌危害国家安全犯罪、恐怖活动犯罪等严重犯罪，通知可能有碍侦查的情形以外，应当把拘留的原因和羁押的处所，在拘留后二十四小时以内，通知被拘留人的家属。"这就涉及一个"被"失踪的问题。一个人被抓了以后，还不通知其家属，性质就太严重了、太恶劣了。即使当时不告诉，也要限制在哪个时间内一定要告诉。如果 24 小时不能告诉，36 小时行不行？48 小时行不行？把人抓了还不告诉一声，连基本人权都没有，老百姓是难以接受的。

还有第 30 条："涉嫌危害国家安全犯罪、恐怖活动犯罪、重大贿赂犯罪，在住处执行可能有碍侦查的，经上一级人民检察院或者公安机关批准，也可以在指定的居所执行。"这种做法就回到了我们 1996 年之前的做法。1996 年修改之后明确规定：监视居住必须在本人的居所内进行，没有固定住所的，才能在指定居所。而且，现在监视居住二日，才能折抵有期徒刑一日。那么，侦查机关就可以让你在指定的居所监视居住 6 个月，这和变相羁押有什么区别？

第三个争议比较大的问题是技术侦查。过去，技术侦查是规定在人民警察法、国家安全法等里面的，要转换证据才能上法庭。现在反而恶化了,技术侦查照样搞,而且可以直接上法庭,"依照本节规定采取侦查措施所收集的材料在刑事诉讼中可以作为证据使用。"由于其作用更大,有的人就担心技术侦查,特别是窃听会显著增加,这将严重侵犯公民合法权利。我们对技术侦查没有司法审批,也没有严格的限制程序,只有一句话:"经过严格的批准手续",但怎么严格审批没说清楚,法院也无法在事后进行有效的司法审查。此时还要把其作为证据,作为定案的依据,明显是有问题的。而且,我们现在甚至都没有写明技术侦查手段是哪些手段,如果连这都搞不清楚的话,还怎么进行有效的监督?

不过,现在的修改是一种大讨论,面向全国征求意见。经过讨论之后,我认为有些规定会好一些。

四、完善证据制度

证据制度的完善涉及证据概念、种类和证明标准。"可以用于证明案件事实的材料,都是证据。"过去则指用于证明案件的事实。这是文字上的处理。但我认为,证据不仅是材料,也是事实,还是信息,只说是材料可能还不太准确。材料是具体的证据,事实是抽象的证据。还有一些更抽象的,比如说情态——在法庭上一看就是那种说假话的人。在分类中加了一个电子证据。但是电脑里面的内容哪些属于电子证据目前也说不清楚。视听资料主要限于音像资料。勘验笔录改为勘验、检查、辨认、侦查实验笔录,但这个还不完整。我们在实践中大量使用的是扣押笔录,最多的是提取笔录。鉴定结论则改为了鉴定意见。非法证据排除那一块主要是把去年出台的相关规定的内容加上去了,即采用刑讯逼供等非法方法收集的犯罪嫌疑人、被告人供述和采用暴力、威胁等非法方法收集的证人证言、被害人陈述,应当予以排除。违反法律规定收集物证、书证,严重影响司法公正的,对该证据应当予以排除。但这个"等"字太简略,在司法实践中不好把握。有人说,第一个"等"

是指等同于刑讯逼供，二者基本上差不多，乃是变相刑讯逼供。也有人认为，"等"字包括其他任何残忍的、不人道、有辱人格的待遇和方法，主要是根据《联合国反酷刑公约》认定的。还有人认为，"等"字指严重侵犯公民权利，可能导致收集虚假证据的方法。我认为，要结合这一年来执行"两个证据规定"的经验和教训，来修改这一条。

五、完善证人、鉴定人出庭制度

刑事诉讼法草案规定，"经人民法院依法通知，证人应当出庭作证。证人没有正当理由不按人民法院通知出庭作证的，人民法院可以强制其到庭，但是被告人的配偶、父母、子女除外。证人没有正当理由逃避出庭或者出庭后拒绝作证，情节严重的，经院长批准，处以十日以下的拘留。被处罚人对拘留决定不服的，可以向上一级人民法院申请复议。复议期间不停止执行。鉴定人出庭作证，适用前两款的规定。"全世界直接言词证据规则靠两个制度来维持。第一，证人出庭制度；第二，限制书面证言。我们现在证人必须出庭这第一步走了，但书面证言仍然不受限制。根据刑事诉讼法规定，对于未到庭证人的证言，应该当庭宣读。既然可以当庭宣读，那还有什么必要出庭呢？对书面证言不作限制是中国刑事诉讼制度的特例，全世界还没有看到其他法治国家有这样做的。

六、完善强制措施

首先是完善逮捕条件，要具体限制逮捕的必要性。多一点取保候审，少一点羁押。其次是完善监视居住条件，主要是指定居所监视居住。三是适当延长拘传时间，过去是 12 小时，现在最长要延长到 24 小时。

七、完善辩护制度

首先，根据草案，辩护律师在侦查期间可以为犯罪嫌疑人提供法律帮助，代理申诉、控告，可以向侦查机关了解犯罪嫌疑人涉嫌的罪名和案件有关情况。其次是完善会见规定，辩护律师会见犯罪嫌疑人、被告人时不被监听。但危害国家安全犯罪案件、恐怖活动犯罪案件、重大贿赂犯罪的共同犯罪案件，在侦查期间辩护律师会见犯罪嫌疑人，应当经侦查机关许可。许可的意思是什么呢？许可的意思就是不许可。和以前相比，应当经侦查机关许可的案件范围扩大了，对公民权利的保护反而不利了。

八、完善审判程序

首先是调整简易程序适用范围，只要对于基层人民法院管辖的案件，同时符合下列条件的，人民法院就可以适用简易程序审判："（一）案件事实清楚、证据充分的；（二）被告人承认自己所犯罪行，对起诉书指控的犯罪事实没有异议的；（三）被告人对适用简易程序没有异议的。"此外，还规定了"适用简易程序审理公诉案件，人民检察院应当派员出席法庭。"这使很多检察院都接受不了，因为其工作量大大增加了。

然后是完善一审二审程序。案件移送还是全卷移送，但是不要求你全部看卷。还增加了庭前准备程序——"在开庭以前，审判人员可以召集公诉人、当事人和辩护人、诉讼代理人，对回避、出庭证人名单、非法证据排除等与审判相关的问题，了解情况，听取意见。"庭前程序被告人一般都不来，如果没有律师就无法进行庭前程序。而且，非法证据排除关键是要靠被告人。因此，这个程序能起到多大作用还不好说。还有明确二审开庭范围，原来是法律上规定原则上开庭，而实践中的做法则是原则上不开庭。此外，一审二审增加了审限。并完善了死刑复核程序。

九、完善执行规定

完善执行规定主要体现在完善监外执行规定，完善检察机关执行活动的法律监督，增加社区矫正规定。

十、规定特别程序

规定了四个特别程序：（1）未成年人犯罪案件诉讼程序，其中包括附条件不起诉。原来附条件不起诉准备适用于全部刑事案件，但为了防止其过分滥用，故此次修改只针对未成年人适用，而且限制比较严。（2）当事人和解的公诉案件诉讼程序，包括因民间纠纷引起，涉嫌刑法分则第四章、第五章规定的犯罪案件，可能判处3年有期徒刑以下刑罚的案件，和除渎职犯罪以外的可能判处7年有期徒刑以下刑罚的过失犯罪案件。（3）犯罪嫌疑人、被告人逃匿、死亡案件违法所得的没收程序。但由于本人不在场，没有进行有效申辩的条件，容易违反正当程序的要求。（4）对实施暴力行为的精神病人的强制医疗程序。

（会务人员根据现场记录整理）

六、宽严相济刑事政策下的
死刑走向

贾　宇

【专家简介】　贾宇，男，法学博士，西北政法大学校长、教授，武汉大学法学院刑法专业博士研究生导师，兼任中国法学会刑法学研究会副会长、国际刑法学协会会员、中国犯罪学研究会常务理事，国家司法考试命题委员会委员。2007 年当选为第五届"全国十大杰出青年法学家"。专业研究领域为中国刑法学、国际刑法学和犯罪学。先后主持和参与了国家哲学社会科学基金项目及教育部、司法部、陕西省规划项目共 12 项，主要著译作有《国际刑法学》、《罪与刑的思辨》等 35 部，在《法学研究》、《中国法学》等学术刊物、报纸发表专业论文和文章 100 余篇。

现在的死刑制度改革，是在宽严相济刑事司法政策指导下进行的。宽严相济是对二十多年前"严打"政策的改变。话说透了，都很好理解。中央文件也好，两高司法解释也好，"严打"到底对不对，效果如何，为什么现在不提"严打"了，要提宽严相济？王尚新同志提到，你们教授们讲宽严相济的刑事政策，都说什么"当宽则宽，当严则严"，这等于什么都没说。我非常赞同他的观点。就目前而言，严刑峻法的刑事政策正在向轻缓的刑事政策过渡。

在十一届全国人大常委会第十六次会议上，首次提请审议的《刑法修正案（八）》（草案）因拟首次消减死刑罪名而备受社会各界关注。总共 68 个死刑罪名，一下子就去掉了 13 个。立法机关的理由是：多年来这些罪名的死刑要么很少适用，要么是属于长期以来备而不用的。但是，并不能因为不常用而取消，不常用放在那里就行了，为什么要取消呢？万一将来要用了怎么办呢？我认为，这是在宽严相济的刑事政策背景下，实现刑罚总体宽缓的一个步骤，接下来就是其他的财产犯罪、经济犯罪等。当然，全国人大法工委回应社会上认为这次改革是为"贪官免死"铺平道路的舆论，告诉大家这一次死刑罪名的修改没有涉及贪污受贿等职务犯罪的死刑问题。正确的理解是，本次修改死刑罪名是我们整个刑法制度改革的一部分，最终将推进到死刑的废除。我们有部分学者一直在关心我们的死刑问题，从 20 世纪 90 代起就呼吁对我国死刑制度进行改革，具体的呼吁内容一个是收回死刑复核权，过了 10 多年以后，最高人民法院于 2007 年收回了死刑复核权。另一个则是进一步减少和限制死刑，这一次一下子就有 13 个死刑罪名可能被废除。基本的格局发生太大变化的可能性不大，因为全国人大法工委在上报人大常委会之前，已经普遍征求了方方面面的意见，包括中央核心领导人在内的高层都已经讨论过了。如果修正案能通过，我国死刑修改完善就往前走了一大步。

《法制日报》的"法制周末"在这个问题上曾约我写了一篇署名社论。近几年死刑不断受到关注和死刑冤假错案有很大关系，如杜培武案、孙万刚案、聂树斌案、佘祥林案等。关于死刑的问题，《人民网》曾约我做过一次与网民的在线交流，我被网民骂得狗血喷头，很多人都是上来就骂，这也给了我一个知识：就是网络不是认认真真讨论问题的地方，而是一个说脏话、找乐子的地方。为什么呢？因为他骂你，你正在认真回应，他已经骂完走了。这一次的交流过程中，我遇到的一个最有力的质问是这样的：如果您家里的人被杀死了，你还支持废除死刑吗？我是这么回答的：我从两个层次来回答。第一，如果你相信我，我的立场当然还不变，因为仅仅由于所处位置的不同，就改变自己的立场，这不是一个学者应有的态度；第二，我知道你肯定不会相信我的回答，我的回答是这样的，如果我的家人被杀死了，那么对被告人应当判处什么样的刑罚，你不应当问我。此时我变成了一个受害人家属，我的观点完全是非理性的，此时你应当找一个理性的法官去询问应当判处什么刑罚。

一、死刑在实践过程中被滥用的主要原因

（一）刑法对于死刑适用对象的实质性限制条款没有得到充分重视和严格执行

1997 年刑法规定的实质性条款是"罪行极其严重"，我认为这与 1979 年规定的"罪大恶极"本质上是相同的。客观方面是"罪大"，主观方面是"恶极"，这两个结合起来才是"罪行极其严重"。但我国刑法分则并没有坚持总则的规定，大量地把次严重的犯罪规定了死刑条款。毫无疑问，抢劫杀人犯罪、强奸杀人犯罪和没有生命危害的单纯的抢劫犯罪、杀人犯罪的危害性是有很大差别的。如把没有危及生命安全的抢劫罪、强奸罪判处死刑的话，那么更严重的抢劫杀人、强奸杀人我们还能判处什么样的刑罚呢？这样还怎么能实现罪刑相适应呢？大家知道，贝卡里亚提出过罪刑阶梯理论——最严重的犯罪，最严重的刑罚；次严重的犯罪，次严重的刑罚。当我们在最高的刑罚阶梯上堆了很多危害性不同的犯罪的时候，再往上就没有办法实现罪刑相适应了，恐怕就得逼着我们规定五马分尸、凌迟处死等酷刑了。

（二）死刑缓期执行制度没有得到充分重视和严格执行

近几年在最高法院的重视与全国法院系统的努力下，对可杀可不杀的不杀，状况和前几年相比已经好多了。我国刑法中规定，

"死刑只适用于罪行极其严重的犯罪分子。对于应当判处死刑的犯罪分子，如果不是必须立即执行的，可以判处死刑同时宣告缓期二年执行"。这里的思维模式是什么样的呢，就是要用死缓来限制死刑，不是罪行极其严重的就不能判处死刑，当然也判不了死缓。死刑定下来怎么办呢，要看其是否具备必须立即执行的条件。一个人被判处死刑后，法官必须论证这个人必须被立即执行，民愤很大不是理由，有领导批示也不是理由。贝卡里亚曾经论述过这个问题，他认为，一个人虽然被关押在监狱中，但仍无法控制其发挥作用的，才必须从肉体上加以消灭，执行死刑。我们的死缓制度，很少有人注意到这一点，就是一个人因为罪行极其严重被判处死刑后，你要找出一个必须立即执行的理由，你才能判处立即执行，否则都是死缓。但这一点在实践中并没有得到充分的重视和执行。我们现在实践中是怎么处理的呢，就是被判处死刑后，有法定的或者酌定的从轻情节我们才会考虑判处死缓。我认为，是否必须立即执行死刑主要应考虑以下几个方面的问题：（1）犯罪人的人身危险性是不是很大？（2）对受害人或者其他人有过错的案件？（3）犯罪人是否在共同犯罪中起最重要的作用？（4）是否"疑罪"？

另外，犯罪人是否有自首或者悔改和立功表现？是否严重危害他人的生命权利或公共安全？是否有国际影响？这都要考虑，虽然有些政治犯罪刑法规定有死刑，但是否一定要执行？是否属于需要保留的活证据？是否属于土地、山林、草场、水源等资源纠纷或民族矛盾引起的案件？

因此，不是判死刑立即执行需要理由，而是判死缓需要理由，在逻辑上完全是反过来了，跟我们的立法精神不一致。

二、对中国死刑存置的思想和政策根基批评

为什么我们对死刑如此放不下呢？我认为主要有三个方面的原因：

其一，对于死刑威慑力的迷信。无论走到哪个地方，一说死刑改革，马上就有人担心犯罪率会上升——要是去掉死刑那还了得，严重的犯罪岂不是更加泛滥了？贪污腐败不是更加前赴后继了？这里隐含着一个信念，也可以说是一个信任，就是死刑对于遏制、减少、控制严重犯罪有强有力的威慑力。上至领导人，下至普通老百姓，包括我们从事法律工作的同行，都持这种观点。我认为，这种信念是善意的，但是没有根据，是迷信，就跟我们迷信李一那些乱七八糟的言论一样。事实上没有那么回事。

其二，以死刑"平民愤"。我们国家 20 世纪七八十年代喜欢提这个说法，从 80 年代末起，大家理念已经开始转变了，已经几乎不再提这个说法了。我们现在的司法长官在讲话时又讲，构建和谐社会，讲究以人为本，必须倾听人民群众的呼声，这种理解是错误的。

其三，对党的关于死刑的刑事政策理解和执行的偏差。有人认为中国国情是不可能废除死刑的。这是强调近几十年来的国情，既不是中国共产党历史上一贯的做法，也不是几千年来的国情。

三、死刑对于犯罪并无有效的威慑力

第一，从理论上讲，死刑不可能对犯罪产生有效的威慑力。

重典治不了乱世，重刑也吓不住重罪。战国时期有"三国三典"理论："刑新国用轻典，刑平国用中典，刑乱国用重典"，而其中的"乱世用重典"正是 1983 年"严打"政策的出发点。但是现在很多人把前两句给直接忽略掉了，只断章取义地强调最后一句。更何况，这种说法也是不全面的。"乱世"并非"轻典"所导致，所以，重典治不了乱世，重刑也吓不住重罪。犯罪学理论告诉我们，要解决问题，首先是要找到导致这个问题产生的原因，如果所采取的措施针对的不是导致这种结果发生的原因，这种措施就可能是无效的。

刑法上的所谓"乱世"，指的是盗贼纷起，犯罪率上升，刑事犯罪很严重。这些严重的刑事犯罪是怎么发生的呢？犯罪学理论的研究表明，犯罪是一种非常复杂的社会现象，它的发生、变化是有其本身的规律的，是社会政治、经济、文化、社会环境，甚至地理、气候、人的心理、生理等各种因素综合发生作用而导致的。原因很复杂，不是简单的某一个原因所导致的，更不能片面地说"判刑轻了，很多人就犯罪；判刑重了，很多人就不犯罪。"古人讲："饱暖思淫欲，饥寒生盗贼"，这可以用来解释某些犯罪的原因。"饥寒生盗贼"，没吃的没喝的，冬天没有御寒的衣物，就有可能去盗窃，如城市里流动人口犯罪率高的问题。但古人又讲"威武不能屈，贫贱不能移"，你能说有一定的条件、环境，人就会去犯罪吗？这说明每个个体的价值观、人生观、自控能力很重要，直接影响到某些犯罪的发生或不发生。犯罪学的研究还表明气候与犯罪之间存在一定的关系。统计数据显示，夏天天气热了，强奸犯罪率会上升；冬天天气冷了，盗窃犯罪率就上升，这在各个国家、各个地方都很普遍。所以犯罪的原因是非常复杂的，对于这些非常复杂的原因所导致的犯罪现象，我们用简单的刑罚的轻或重来遏制的话，就达不到我们所希望的结果。因此，要解决犯罪率上升的问题，遏制犯罪，只靠重典是没有用的。不信你问一百个罪犯：你们在决定犯罪之前有没有想过这个罪可能被判处死刑或是无期徒刑，九十九个都会回答：没有考虑过。要说刑罚对行为人有影响的话，也只有一个方面会产生重要的影响——那就是会不会受到刑罚的处罚——这才是犯罪分子所真正考虑的。至于抓住之后被判处什么刑，这不是罪犯决定犯罪与否的主要原因。因此，一味用重典的这个方子下的不对，偏离了解决问题的主要方向。

清末的修律大臣沈家本有一段非常精彩的话："苟不能化其心，而专任刑罚，民失义方，动罹刑纲，求世休和，焉可得哉"？"上之人不知本源之务，而徒欲下之人不为非也。于是重其刑诛谓可止奸而禁暴，究之奸能止乎？暴能禁乎？朝治而暮犯，暮治而晨亦如之，尸未移而人为继腥，治愈重而犯愈多"，"见重刑之无效，治世之道当探其源也"。他得出结论是什么呢——"化民之道，固在政教，不在刑威也"。这是沈家本在《九朝律考》中对九个朝代的刑律考察之后得出的结论。正是由于他有这样的认识，在他领导下制定的《大清新刑律》是一部比较好的刑法典，既吸收了德日的先进理论，又结合了本国传统国情。遗憾的是还没有来得及实施，清朝就已经灭亡了。

从潜在犯罪人对死刑的态度来看，死刑只可能威慑重罪者，而重罪者不一定在乎死刑。统治者公开执行死刑，甚至渲染行刑过程是为了对公众起到教育、威慑的作用。但是，重刑只可能对重犯产生威慑效果，而对非严重犯罪预防作用不大。据史书记载，在欧洲中世纪执行死刑的现场，每执行一个死刑就像在过一个盛大的节日，广场上人山人海，但不难发现一个非常有趣的现象，像经典的作家们描述的那样：在人山人海观看执行死刑的现场，"总有一些人在人群中兢兢业业地从事着他们古老的职业"——小偷在人群中兢兢业业地进行盗窃。绞刑跟小偷没有关系，他们不害怕死刑。

即使重刑可能对重犯产生威慑力，那么重刑能不能对重犯产生有效的威慑力呢？我认为重犯不一定害怕重刑。我们可以对犯重罪的人进行类型化分析。可能被判处 10 年以上有期徒刑、无期徒刑或死刑的犯罪人从行为人类型上可以进行多种划分：

激情犯，是指犯罪人由于某种矛盾激化，在情绪激烈的情况下，行为人丧失理智，感情冲动而一时失控实施了不择手段、不顾后果的犯罪行为。在这种情况下，犯罪人往往不可能清醒地权衡其犯罪行为可能造成的法律后果，表现最多的是故意杀人。故意杀人从绝对数量上来说，大多数发生在农村，其中大多又是因为民事纠纷激化、一时激奋导致他人死亡。毕竟，城市是个流动的社会，只要有个好心人从中间拉开，这两个争执的人可能一辈子都再也见不到面了。但在农村不一样，两个家族爷爷辈结下的梁子，孙子辈可能闹出人命。人是高级动物，但再高级也是动物，他有些本能的东西，在特定情况下就会爆发出来，这和他懂不懂法律，是不是法盲没有关系。

情景犯，由于一定的情景诱发犯罪意图，如见财起意的，见色起意的。当时动了犯意以后，脑子里面就一根筋，这和平时受过什么样的教育，见过罪犯受到什么处罚没有任何关系。这种犯罪的发生主要由于情境的刺激，很难通过平时的教育以及通过惩罚这些人来遏制其他人以后不要犯这种罪。

确信犯，主要表现为政治犯和宗教犯。前者基于自己的政治理想对现行政权和制度不满。任何国家、任何时代都有政治犯。他们往往内心非常坚定，认为自己是正确的、先进的，认为反对现行政权、现行法律是在推动社会的进步，是在为人民谋福利等等。至于后者，即使是邪教，也和其他宗教一样，是基于自己的信仰来行动的。宗教的问题要靠宗教来解决，仅靠威慑是行不通的。

白领犯罪，贪污腐败犯罪也是白领犯罪。这是西方犯罪学的一个概念，它是相对于蓝领犯罪而言的。按通常理解，他们最有可能受到重刑的威慑，因为他们的智力和见识最有能力去权衡犯罪的利弊得失。但是，为什么贪官污吏"层出不穷，前仆后继"呢？其实，根本原因不在于刑罚重或不重，而在于刑罚的必然性、必定性不足。由于犯罪与受到刑罚之间没有必然的强有力的因果联系，很多犯罪人带有强烈的侥幸心理，认为刑罚根本落不到他头上。对于这些行为人来说，最重要的不是严刑峻法，而是使刑罚成为他们犯罪的必然结果。当然，百分之百的惩罚不可能，但犯罪人中尽可能高比例地受到惩罚，经过努力还是可以做到的。列宁讲过："惩罚的警戒作用不是看惩罚的严厉与否，而是看有没有人漏网。重要的不是严惩罪行，而是使所有的罪案都真相大白。"因此，要想解决腐败问题，根子根本不在于有没有死刑——没有人不害怕死刑，关键在于怎么让他知道他的犯罪行为和死刑具有因果关系。绝不能让行为人对刑罚的恐惧被逃脱处罚的侥幸心理冲击得荡然无存。

　　亡命徒。例如湖南的张君、西安的魏振海，这些人具有强烈的反社会情绪和典型的暴力犯罪倾向。这样的犯罪人多已经有命案在身，或者有一系列的犯罪行为，他完全与社会相对抗，成为社会的敌人。他知道如果被抓必有一死，因此不会因为其他犯罪人被判处重刑而警醒，或者幡然悔悟、收手从良。这样的犯罪人不会轻易主动停止犯罪，其犯罪通常截止在受到法律处罚之时。所以企图以重刑威慑，对这部分人也没有用处。

　　将以上犯罪人类型排除之后，剩下的就是一般犯罪人，而一般犯罪人判不了重刑，重刑（包括死刑）无法威慑他们。

　　第二，从实践中考察，没有证据证明死刑对于犯罪产生过有效的威慑力。治乱世用重典，治好了吗？历史上的严刑峻法基本上都是乱世末路，从未产生过统治者所意想的效果。举几个不同时期的例子：殷商作炮烙、醢脯之法，史书记载殷纣王"剖比干之心，析才士之胫，醢鬼侯之女"。结果是殷纣王"淫刑以逞，而国亦随之亡矣"。"秦王扫六合，虎视何雄哉"，称"始皇帝"，结果到了二世秦朝就灭亡了。班固《刑法志》言曰："秦始皇兼吞六国，遂毁先王之法，灭礼谊之官，专任刑罚……而奸邪垃生，赭衣塞路，囹圄成市，天下愁怨，溃而叛之。"隋文帝因"盗贼不息"，于是"益肆淫刑"，"行辕裂枭首之刑"，"命公卿以下脔其肉"，结果"文淫刑而身被弑"。

　　真正的乱世是没有一个靠重典治好的。那么在一个王朝的早期，用了重刑的效果怎么样呢？我们看一下明初的情况。朱元璋出身贫寒，最恨贪官，在建立政权之初就用严刑峻法治理贪官污吏。朱元璋制《大诰》，重刑惩治贪污受贿，规定官吏贪赃满六十两者，一律处死；还以挑筋、断指、削膝盖、断手等酷刑对贪官加以严惩，甚至推出"剥皮实草"的极刑，把那些被判处死刑的贪官拉到"皮场庙"去生扒活剥，皮剥下后填上稻草、石灰，做成"臭皮统"，挂在贪官任职的公座之旁，用以警告继任的官员。洪武一朝是历史上封建政权对腐败进行斗争最猛烈、杀戮贪官污吏最多的时期。这些做法尽管收到一定效果，但并未能从根本上遏制住贪污受贿现象的蔓延。洪武十八年，朱元璋慨叹道："朕自即位以来，法古命官，布列华'夷'。岂期擢用之时，并效忠良，任用既久，俱系奸贪"。朱元璋用重刑惩治违法官吏，尽管杀了多少万人，效果也是不大，贪官污吏依然是前仆后继，杀不完，斩不尽，气得朱元璋捶胸顿足说："我欲除贪赃官吏，奈何朝杀而暮犯！"所以，朱元璋后来不得不调整、改变了严刑峻法的政策。

因此，以死刑平民愤，我认为这是对民众原始报复本能的放纵。贝卡里亚讲过，人的心理就像一湖水，很容易被改变。由于大量的适用死刑，导致几十年下来，我们老百姓连死缓都不认为是重刑，只有死刑立即执行才是重刑。把人心教化得越来越褊狭残忍，这种锱铢必较的心态绝对要不得。再说，刑罚也是"要求惩罚邪恶行为的邪恶欲望"，本身也是一把双刃剑。

四、死刑的过多适用违反我国宽严相济的现行刑事政策

（一）宽严相济的刑事政策概述

在当前特定的历史背景下，我们要实现宽严相济的刑事司法政策，重点在于该宽的要宽起来，调整二十多年的"严打"政策。但并不是说最严重的罪行不给予最严厉的打击。我们的国家经济高速发展，政治文明进步，国际地位不断提升，江泽民同志说是"堪称盛世"。要实现盛世，除了经济强盛，轻徭薄赋，与民休息，还要刑罚宽缓。这是历史上每一个盛世所不可缺少的气象。

我们回顾"盛世"的历史，汉朝、唐朝、清朝三朝初期盛世的缔造者均有一条共同的经验，即明德慎刑、恤刑，所谓"刑罚为盛世所不能废"，亦"为盛世所不尚"。

汉文帝以缇萦救父为契机，废除了肉刑。缇萦给汉文帝写信的大概意思是："我叫缇萦，是太仓县令淳于意的小女儿。我父亲做官的时候，齐地的人都说他是个清官。这会儿犯了罪，应当受到肉

刑的处分。我不但替父亲伤心，也替所有受肉刑的人伤心。一个人砍去了脚就成了残废；割去了鼻子，不能再安上去，以后就是要想改过自新，也没有办法了。我愿意为奴替父亲赎罪，好让他有个改过自新的机会。恳求皇上开恩！"

据《汉书·刑法志》载，汉文帝对于缇萦的孝心十分感动，不但接受了她的要求，还下令制诏御史："盖闻有虞氏之时，画衣冠异章服以为戮，而民弗犯，何治之至也！今法有肉刑三，而奸不止，其咎安在？非乃朕德之薄，而教不明与！吾甚自愧。故夫训道不纯而愚民陷焉。《诗》曰：'恺弟君子，民之父母。'今人有过，教未施而刑已加焉，或欲改过行善，而道亡繇至。朕甚怜之，夫刑至断肢体、刻肌肤，终身不息，何其刑痛而不德也！岂称为民父母之意哉？其除肉刑，有以易之；及令罪人各以轻重，不亡逃，有年而免。具为令。"景帝继位后，在文帝的基础上对肉刑制度作进一步改革。他主持重定律令，将文帝时劓刑笞三百，改为笞二百；斩左趾笞五百，改为笞三百，而且还规定笞杖尺寸，以竹板制成，削平竹节，以及行刑不得换人等，使得刑制改革向前迈进了一大步。

唐太宗即位后，力图完善刑法，指示群臣讨论统治与立法的原则。当时，出现了宽严两种截然不同的主张。有劝以威刑肃天下者，魏征以为不可，指出上言王政本于仁恩，所以爱民厚俗之意，太宗欣然纳之，遂以宽仁治天下，而于刑法尤慎。唐太宗在诏令中说："泣事慎罚，前王所重"。贞观之治的时候，国家一片太平盛世，每年执行死刑的人数只有几十人。

康熙治国，一生勤政、慎政，对臣民仁爱宽刑。康熙二十二年（1683年），全国秋决（判死刑）的犯人"尚不及四十人"。

在我们的国家经济、政治、文化全面发展，又一次走向伟大复兴的时候，在我们建设和谐社会，开创盛世的时代，重在仁爱宽刑，化解矛盾。党和国家调整"严打"为"宽严相济"的刑事司法政策是构建社会主义和谐社会的重要组成部分。

（二）宽严相济的刑事政策必然要求从刑事立法和司法层面限制死刑

目前的司法实践中，死刑缓期执行平均执行 18 年，无期徒刑平均执行 15 年，有期徒刑平均执行 10 年，有期徒刑数罪并罚平均执行 13 年。我国的生刑与死刑相比过轻，真的可以称为"生死两重天"。生刑过轻导致对死刑的挤压，这也是我国死刑不得已大量适用的一个原因。显然，我国目前的刑罚结构是一个过分倚重于死刑的刑罚结构。因此，我国目前刑罚所面临的问题，既不是刑罚过重，也不是刑罚过轻，而是刑罚的轻重失调。为此，应该对刑法的结构予以调整，根据"宽严相济"的刑事政策精神，重新配置刑罚资源。基本思路是限制死刑，加重生刑。《刑法修正案（八）》对此进行了一定的调整，如规定了在一定条件下，死缓减为 20 年有期徒刑后不能再减刑。有的人表示反对，认为你这是把他们的改过自新之路给封死了，管理起来将会非常困难。我认为，这固然会给我们的关押改造带来一定的压力，但从社会角度而言，可以通过增加投入等方法来缓解，还是比现在不断判处死刑好一些。国外也有判处不得假释的终身监禁的判例。

五、中国死刑必然走向废止

（一）死刑走向废止是历史规律

（二）死刑走向废止是世界潮流

（三）经济发展与对外开放，必然使中国迅速汇入废除死刑的世界潮流

1. 经济的发展会唤醒民众对于生命价值的关注和尊重

2. 国际社会的影响会促使政治家们作出大力限制以致废除死刑的政策抉择

我国目前官方的态度是不废除死刑，限制死刑。但早在解放前

后，我党领导人就在不同场合的讲话中表明要废除死刑。虽然在"严打"以来，由于期望一定时期内治安会发生好转，我们在酷刑上走了一段弯路，但现在看来，最高层对这个问题是有一个符合历史规律和世界潮流的态度的。温家宝总理答记者问时说，中国目前暂时还不具备废除死刑的条件。意思是将来条件成熟了，还是要废除的。《刑法修正案（八）》也表明了这样一个态度。毕竟，我们的领袖们也不得不面临世界上的压力。

3. 对外交流的频繁和涉外法律冲突，必然给国人的刑罚价值观带来强烈的冲击

过度的严刑峻法，与国际社会的刑罚现状和趋势不相适应，影响国家的国际形象。而且，涉外犯罪的处理，使国内刑法的公平适用受到严重挑战。首先，国际上的刑法现状和我们国家的现状存在巨大差异。比如说欧洲在建立一个无死刑的欧洲。世界上已经有2/3 的国家和地区在法律上或事实上废除了死刑。我国从 1979 年刑法的十来个死刑罪名，到了 1997 年刑法变成了 68 种死刑罪名。西方甚至以此为借口攻击我们的人权状况。其次，许多涉外案件，如赖昌兴、余振东案件的处理，我国政府向外国作了政府承诺，引渡回来不判死刑。如果赖昌兴不判死刑，我们别的走私案件还判不判死刑，老百姓会如何评价？再如巨贪余振东从美国引渡回来只判了 12 年有期徒刑。现在数千名外逃贪官都在海外，都牵扯到引渡谈判问题，这样的案件会越来越多，都要涉及我们的法律与外国法律的接轨问题。这会对我们国家法律的公平适用带来严重的挑战。要实现法律面前人人平等，只有改革我们的司法制度，和国际标准看齐。不过《刑法修正案（八）》（草案）给我提供了一个很好的信号：走私罪基本上都废除了死刑。

4. 学者的讨论和呼吁，有积极的引导作用

学者的讨论和呼吁，会促进决策层和民众对历史潮流和世界潮流的了解和顺应。我们应当引导文明的提升，而不能一味顺应民众的要求。

专题 II

死刑案件的证据适用

七、从“两个证据规定”
谈死刑案件证据的审查判断

宋英辉

【专家简介】　宋英辉，1957 年 5 月出生；1982 年
毕业于河北省师范学院，获哲学学士学位；1989 年毕业
于中国政法大学研究生院，获诉讼法学硕士学位，并留校
任教；1992 年于该校获得诉讼法学博士学位。曾任中国
政法大学诉讼法研究中心常务副主任、执行主任，兼刑事
诉讼法学研究室主任；现为北京师范大学刑事法律科学研
究院副院长、刑事诉讼法研究所所长、刑事诉讼改革研究
中心主任、教授、博士生导师。兼任中国法学会刑事诉讼
法学研究会副会长，中国犯罪学会常务理事，中国法学会
检察学研究会常务理事，最高人民检察院专家咨询委员会
委员。

一、两个证据规定的制定背景

2008 年中央司法改革意见（19 号文件）规定：“完善刑事诉
讼证据制度”改革由全国人大常委会法工委牵头，会同最高法院
等部门共同研究。涉及三方面：（1）明确证据审查和采信规则及
证明标准等；（2）完善非法证据排除制度；（3）完善证人、鉴定

人出庭和保护制度，明确侦查人员出庭作证的范围和程序。2009
年4月2日，法工委召开关于落实司法改革任务、制定或完善相关
法律解释的会议，商定由最高法院牵头起草"死刑案件证据规则"
和"非法证据排除规定"。"证人、鉴定人出庭制度和侦查人员出
庭作证问题"并入以上两规定。最高人民法院起草《关于办理死
刑案件审查判断证据若干问题的规定》（以下简称《办理死刑案件
证据规定》）、《关于办理刑事案件排除非法证据若干问题的规定》
（以下简称《非法证据排除规定》），在征求有关部门意见修改后，
经2010年5月20日第十三次中央政法委全体会议暨司法体制改革
专题汇报会原则审议通过。会签后以最高人民法院、最高人民检察
院、公安部、国家安全部、司法部名义联合发布，于7月1日起施
行。同时规定，办理其他刑事案件，参照《关于办理死刑案件审
查判断证据若干问题的规定》执行。

我们说，这两个证据规定的出台，是完善刑事诉讼制度的迫切
需要，是统一证据规则的迫切需要，是确保刑事案件质量，预防冤
假错案的迫切需要。最高人民法院的张军副院长在多次开会时讲
过，冤假错案在敲最高人民法院的大门。最高人民法院收回死刑复
核权之后，2007、2008、2009三年，不核准的案件大约占15%，
其中30%是因为证据。证据问题，是死刑复核中的一个重要问题。
媒体披露的这些案件，我们都很熟悉，如赵作海案件、李化伟案
件、佘祥林案件、孙万刚案件等。这些冤假错误，都是因为证据关
系造成的。周永康同志在听取"两个证据规定"的汇报会上特别
强调，各级政法机关要认真吸取教训，以对国家、对人民、对法
律、对历史高度负责的精神，始终把确保案件质量作为司法工作的
生命线，始终坚持讲事实、讲证据、讲法律、讲责任，精心办好每
一起案件，凡是案件事实不清的不定案，特别是死刑案件人命关
天，必须实行最严格的办案标准，必须实行最严格的办案责任制，
真正做到不错不漏，不枉不纵。这是我简要介绍的"两个证据规
定"出台的背景，即"两个证据规定"不是媒体炒作的那样，是

赵作海案件催生出来的，而是酝酿已久的。下面我就"两个证据规定"和死刑案件证据审查有关的内容，作一个较为详细的讨论。

二、非法证据排除

《非法证据排除规定》共 15 条，它明确了非法证据的范围，区分了非法言词证据的排除和非法实物证据的排除；明确了检察机关在排除非法证据中的职责；明确了审判阶段排除非法证据的具体程序——这在我国尚属首次；明确了检察机关对证据合法性的举证责任——这个也是第一次作出规定；明确规定了侦查人员出庭作证。

（一）非法证据排除的范围

首先是非法证据排除范围。死刑案件一般而言都是十分严重的暴力犯罪，这里面就比较容易发生非法取证问题。根据《非法证据排除规定》，采用刑讯逼供等非法方法取得的犯罪嫌疑人、被告人供述和采用暴力、威胁等非法方法取得的证人证言、被害人陈述，属于非法言词证据。经依法确认的非法言词证据，应当予以排除，不能作为定案的根据。取证手段明显违反法律规定，可能影响公正审判的物证、书证，应当予以补正或者作出合理解释，否则，不能作为定案的根据。根据这个规定，物证、书证在我国目前而言，只要是真实的，一般就不排除。因为它们要完全符合上述三个条件，还是比较困难的。可见，对物证、书证的排除，和言词证据的排除的规定是完全不同的。

下面说一下现在刑事诉讼法修正草案中的规定。它基本和前述规定采取同样的态度，即非法的言词证据排除，物证、书证只有严重影响司法公正的才排除。物证、书证的排除，要求法官来具体裁量哪些情况属于"严重影响司法公正"。比如有的取证手段严重违法，导致了严重的后果，如死亡、受伤或者公私财产遭受重大损失等等；再就是可能导致事实认定的错误。但是言词证据只要是刑讯逼供、暴力威胁取得的，就应当排除。

通过这些条文我们可以看出，言词证据的排除，其重心在于保障人权，只要是刑讯逼供所得的，不管真实与否，都应该排除。而非法物证、书证排除则兼顾打击犯罪和保障人权的需要。非法物证、书证排除之所以不同于非法言词证据，是因为：（1）物证、书证本身的特点——不因为收集程序本身违法而影响其真实性，客观是什么样子就是什么样子。比如说，你这里有一块手表，我搜查的程序完全合法，收集到的是一块手表；即使程序不合法，如没有人在场，收集到的仍然是一块手表。（2）收集方式的特点——一般不会侵犯被取证人的人身权利，特别是健康权和生命权。而言词证据的取得，有时会采取冻、饿、晒等方式，长时间的话会影响证人的健康权，甚至生命权。（3）打击犯罪与保障人权的权衡。言词证据必须要严格地保障公民的合法权利，物证、书证尽管也涉及公民权利，但不像言词证据那样严重。这些证据如果都排除了，我们的社会将会难以接受。从打击犯罪的角度，不能把所有的物证、书证都排除掉。这个里面有一个利益衡量的问题。这个问题在讨论的时候也有争议。特别是刑事诉讼法修改的过程当中，很多学者提出，物证、书证不排除，言词证据排除，将是对违法取证的放纵。但是现在的方案，还是采取由法官裁量的方式来进行。

那么，在这些规定当中，怎么理解"刑讯逼供等"与"暴力、威胁等"中的"等"字呢？原来刑事诉讼法规定的是严禁刑讯逼供和以威胁、引诱、欺骗等非法手段取得证据。而现在的《非法证据排除规定》和刑事诉讼法修改草案，把后面的去掉了，用"等"字代替了。我认为，这个"等"不包括引诱和欺骗。当时讨论这个条文的时候，最初是有引诱和欺骗的。后来在讨论过程中，公安部的同志说，有的时候引诱、欺骗、诱导同侦查谋略很难区别开来，如果一概排除的话，侦查工作就很难有效开展下去了。因此，最后的文本就把引诱和欺骗去掉了。

"等"是指与刑讯逼供、暴力、威胁相当的手段，具体参照最高人民检察院关于渎职侵权犯罪立案标准的规定。比如说以捆绑、违法使用械具等恶劣手段逼取口供的;以较长时间冻、饿、晒、烤等手段逼取口供,严重损害犯罪嫌疑人、被告人身体健康的。存在争议的一个问题是,长期不让睡眠是否属于变相刑讯逼供?拘传的时间,根据刑事诉讼法修改草案,如果需要逮捕的,可以延长到24小时。我想,这个问题将来最好有司法解释或指导案例来作出界定,不然有的地方长时间不让睡眠,实际上就是刑讯逼供。

　　关于非法证据排除,还有几个问题。一个是排除非法证据,是否以刑讯逼供、暴力取证等行为构成犯罪为前提?我认为不需要。二是是否排除"毒树之果"?按照最高人民法院的解释,目前我国"毒树之果"并不排除。所谓"毒树之果",比方说刑讯逼供取得的口供,会提供很多信息;根据这些信息,采取合法的手段取得其他证据。前面的证据属于非法证据被排除了,但是后面派生的证据仍是合法取得,即"毒树之果"。我们知道,美国是要排除的,但是我国目前不排除。第三个问题,个人非法取得的材料是否排除?这个一般而言侵犯了他人的隐私权,是非法的,但是如果这些材料反映了刑事案件中的一些情况,可以用来证明犯罪事实的时候,要不要排除?目前我们的《非法证据排除规定》没有规定。从非法证据排除理论的角度来讲,个人非法取得的证据,是不需要排除的。因为非法证据排除规则主要是为了规范公权力的行使,在任何国家,非法证据排除都不调整个人权利。其次,刑事诉讼涉及的利益是国家和社会利益,是对犯罪的打击和秩序的维护,和一般的民事诉讼不一样。再一个问题,就是是不是排除引诱、欺骗取得的证据?按照现有的规定,这个问题实际上是模糊的。我认为,一般性的引诱、欺骗是不需要排除的。但是如果引诱、欺骗足以影响供述或证词的内容,对这种证据我们判断起来要特别慎重。在西方国家,比如说日本,他们也有这样的规定,即某些非法行为如果足以影响其供述的内容,是应当被排除的,因为其有可能影响到证词的真实性。

（二）法庭排除非法证据的程序及证据合法性的证明责任

《非法证据排除规定》还规定了法庭排除非法证据的程序及证据合法性的证明责任。主要包括程序的启动、法庭先行调查、举证证明和双方质证、辩论、法院庭外调查与法庭裁定以及救济程序。具体如下图所示：

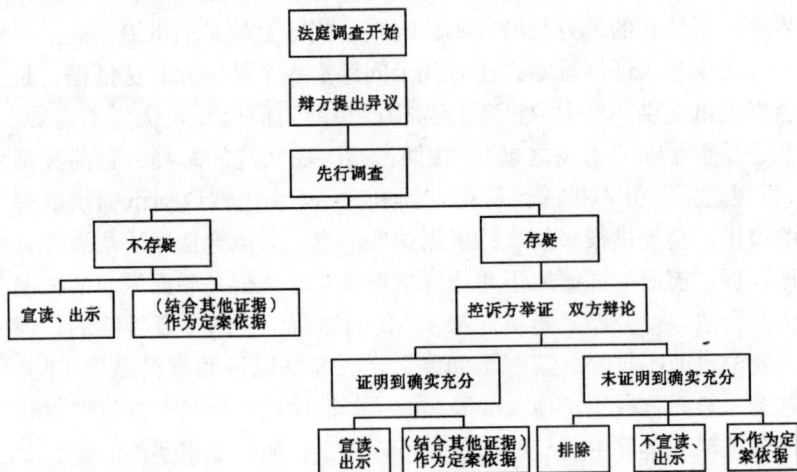

```
              ┌──────────────┐
              │  法庭调查开始  │
              └──────────────┘
                     │
              ┌──────────────┐
              │  辩方提出异议  │
              └──────────────┘
                     │
              ┌──────────────┐
              │   先行调查    │
              └──────────────┘
                ┌────┴────────────────────┐
          ┌─────────┐                ┌─────────┐
          │  不存疑  │                │   存疑   │
          └─────────┘                └─────────┘
            ┌───┴────┐                      │
    ┌──────────┐┌──────────────┐   ┌──────────────────┐
    │ 宣读、出示 ││（结合其他证据）│   │ 控诉方举证 双方辩论 │
    │          ││作为定案依据    │   └──────────────────┘
    └──────────┘└──────────────┘      ┌────────┴──────────┐
                              ┌──────────────┐  ┌──────────────┐
                              │  证明到确实充分 │  │ 未证明到确实充分 │
                              └──────────────┘  └──────────────┘
                                ┌───┴────┐        ┌───┬────┴────┐
                          ┌──────┐┌──────────┐┌──────┐┌──────┐┌──────┐
                          │宣读、 ││（结合其他证据）││ 排除 ││不宣读、││不作为定│
                          │出示  ││作为定案依据  ││      ││出示  ││案依据 │
                          └──────┘└──────────┘└──────┘└──────┘└──────┘
```

根据《非法证据排除规定》，辩护方可以在以下几个阶段提出排除非法证据的申请：一是在开庭之前，二是在开庭之后，法庭调查之前，三是法庭调查开始之后，其范围比较宽。但是对非法证据的调查，都必须在法庭开始调查之后。法庭调查开始之后辩方才提出非法证据排除的主张，法院就必须休庭进行调查。这个初步审查有两种情况：如果初步审查之后没有什么疑问，法庭就可以宣读、出示证词或供述，表示其有资格进入法庭调查程序，解决了它的证据资格问题。但至于能否作为定案的根据，还要结合其他的证据来审查判断，看是否能够相互印证。如果合议庭先行调查之后，对取证的合法性产生疑问，就要由控方来举证证明它的合法性。控方举证之后，辩方可以提出反对的意见。控辩双方举证辩论的结果有两种：一是控方提出的证据能够证明确实没有非法取证的情况，此时就可以宣读、出示这一证据，使其获得了证据调查的资格。二是控方举证没有达到确实充分的程度，排除非法取证的可能性，这一证据就要排除。被排除的证据就没有证据资格，不能进入法庭调查程序。

（三）其他相关问题

有些规定我进一步解释一下。

一是检察机关对证据合法性举证证明。公诉人应当向法庭提供：（1）讯问笔录；（2）原始的讯问过程录音录像或者其他证据；（3）提请法庭通知讯问时其他在场人员或者其他证人出庭作证；（4）提请法庭通知讯问人员出庭作证。根据规定，公诉人提交加盖公章的说明材料，未经有关讯问人员签名或者盖章的，不能作为证明取证合法性的证据。在实践中，经常有这样的情况：被告人说自己受到了刑讯，检察院就要提供相关证据材料证明讯问是合法的，没有进行刑讯。这种材料的形式要求是要有公章，并且要有讯问人员的签名或者盖章。但并不是说，具备上述条件的证据材料，就一定能证明争议证据的合法性。

还有一个问题，讯问、询问过程中的录音录像属于什么证据？我认为，其属于什么证据，关键要看是用什么东西来证明什么问题。如果以其固定的犯罪嫌疑人供述和辩解，证明其在侦查阶段供述或辩解的内容，录音录像就是犯罪嫌疑人（被告人）供述或辩解；如果以其固定的证人证言、被害人陈述，证明证人、被害人在侦查阶段陈述的内容，录音录像就是证人证言、被害人陈述；如果以其固定的讯问过程的信息来证明讯问程序是否合法，那么录音录像就属于视听资料。非法证据排除中规定的录音录像，指的是视听资料意义上的录音录像，因为它证明的是讯问、询问过程的合法性问题。

再一个问题是加盖公章的说明材料属于什么证据？如果破案报告、案件来源是公安等有关公权力机关制作的，与证明案件事实有关联，对解决案件的定罪量刑有意义，应当属于书证。对证明材料或工作说明而言，如果这些材料所反映的内容是与争议的事项有关，同待证事实有关联，从理论上讲也应是公文书，属于书证。不过以上书证与通常意义上讲的典型的书证不同。我们知道，典型的书证是在案件过程中或案件发生之前就已经存在的，它的客观性一般来说是比较强的。而由公安机关出具的这些证明材料，它的可信度与真实性应当非常慎重地加以判断。如果侦查人员出庭作证的话，则属于证人证言。当然，如果以上材料与解决定罪量刑问题没有关系，就不是证据。但这些材料有时对了解有关情况，进而对办案人员审查判断其他证据具有一定的价值。

三、死刑案件审查判断证据

《办理死刑案件证据规定》共41条，分为三个大的部分，即：一般规定（5条）；证据的分类审查与认定（26条）；综合审查运用（9条）。一般规定中，主要分为证据裁判；依法、客观、全面调查证据；证据必须经过法庭质证；死刑案件证明标准。前面三个都是运用证据的原则，第四个是证明标准，指如何在死刑案件中把握证据的程度。

（一）证据裁判原则

首先谈一下证据裁判。证据裁判应该说是在《办理死刑案件证据规定》中第一次以法律文件的形式作出的规定。过去我们讲的是"以事实为根据，以法律为准绳"。但这个"事实"从哪里来，要靠证据来认定。所以在第2条就规定，"认定案件事实，必须以证据为根据"。这里的"案件事实"，是指实体法事实（犯罪构成要件事实）。其实，我们在讲到案件事实的时候，可能在不同的语境下使用，具体的含义也不一样。一种是指案件在客观上已经发生的事实，这种事实我们通常在办理中并不了解。因为案件到了办案人员手里的时候，客观发生的事情已经过去了，它是通过一定的人员或机关主张，到了我们的法官手里。类似起诉这样的事实，我们称作主张事实。它只能从案件客观发生的那个事实中获取，可能完全相同，也可能有些出入。这是第二个层面的事实。第三个层面的事实，就是法院通过审理之后认定的事实，这个叫裁判事实。"认定案件事实，必须以证据为根据"指的是哪个事实呢？指的是法院裁判认定的事实。裁判事实可能与客观事实相符合，也可能不符合。因此，对证据要有严格的要求。

接下来我们就来分析"证据"的含义。首先，是指具有证据资格的证据，也就是没有被排除的证据。其次，它必须是被法庭查证属实的证据。最后，证据必须达到法定证明标准。当然，证据裁判也有例外，并非所有的事实都要证据去证明。一般来说，下列事实不需要用证据进行证明：（1）为一般人共同知晓的常识性事实，如太阳东升西落；（2）法院生效裁判确认的未依审判监督程序重新审理的事实；（3）审判人员履行职务所应当知晓的事实（法律、法规的内容及适用等）；（4）法律规定推定的事实，没有相反证据推翻，就应当予以认定。

（二）死刑案件的证明标准

根据《办理死刑案件证据规定》，死刑案件的证据标准分为两个层次。

第一个层次是办理死刑案件，对被告人犯罪事实的认定，必须达到证据确实、充分。证据确实、充分，具体是指：（1）定罪量刑的事实都有证据证明；（2）每一个定案的证据均已经法定程序查证属实；（3）证据与证据之间、证据与案件事实之间不存在矛盾或者矛盾得以合理排除；（4）共同犯罪案件中，被告人的地位、作用均已查清；（5）根据证据认定案件事实的过程符合逻辑和经验规则，由证据得出的结论为唯一结论。

第二个层次是死刑案件中哪些事实需要达到"证据确实、充分"的程度。根据规定，办理死刑案件，对于以下事实的证明必须达到证据确实、充分：（1）被指控的犯罪事实的发生；（2）被告人实施了犯罪行为与被告人实施犯罪行为的时间、地点、手段、后果以及其他情节；（3）影响被告人定罪的身份情况；（4）被告人有刑事责任能力；（5）被告人的罪过；（6）是否共同犯罪及被告人在共同犯罪中的地位、作用；（7）对被告人从重处罚的事实。

《刑事诉讼法修正案》（草案）关于证明标准的规定，没有像《办理死刑案件证据规定》那样分得那么细致。根据《刑事诉讼法修正案》（草案）的规定，证据确实、充分，应当符合以下条件：（1）定罪量刑的事实都有证据证明；（2）据以定案的证据均经法定程序查证属实；（3）综合全案证据，对所认定事实已排除合理怀疑。在讨论的时候，有人提出，合理怀疑和证据确实充分之间是什么关系？其实，证据确实充分，是从累加的角度讲的，即案件的证据不断的积累、强化，从而形成内心确信。排除合理怀疑是从相反的方向，即已经达到了确信的程度，但还有看有没有其他的怀疑、其他的可能性。这两者是从不同角度来表述的。

办理死刑案件对哪些事实的证明必须证据确实充分？我作了一个简单的归纳。第一点，危害社会的行为已经发生。如果对此还有疑问的话，那么显然就不能达到证据标准。第二点，犯罪嫌疑人、被告人实施了被指控的行为。第三点，被告人的罪过，即主观方面是故意还是过失，故意的具体内容是什么。当然，罪过并不要求直接证据来证明。在缺乏直接证据的情况下，罪过可运用间接证据根据经验规则推理认定，如药家鑫案，其客观行为就表明其要将被害人杀死。第四点，犯罪嫌疑人、被告人具有刑事责任能力。还有是适用死刑的事实。需要说明的一点是，在共同犯罪中，有些情况因证据问题，各个被告人的地位、作用难以分清，各个被告人应对危害结果共同负责，但如果不能确定主要实施者，就不宜适用死刑。

还有，如何理解符合经验规则？我认为，经验规则指经过经验累积而形成的具有普适性的常识、知识（生活的一般经验）。这个经验不是个体的，而是大多数人都知道的。而是否符合经验规则，需要根据具体案件情况判断（包括对事实认定，也包括对某个证据的审查判断）。举个例子，一个偏僻的地方发生了一起凶杀案，犯罪嫌疑人的年龄有两种不同的证据：老师和学生提供的证词说这个人不满 18 岁；父母提供的证词则说他已满 18 岁了。当地非常偏远和落后，没有出生证明和户籍证明。根据一般的经验，父母提供的证词的真实性应该是非常大的，而且是对他们的小孩不利的证词。但是就这个案件来说，其情况比较特殊。因为其父母没有文化，对外界信息的了解非常有限，也不懂得年满 18 岁与否对案件有多大的影响。在这种情况下，就不能草率地认为他父母讲的就是真的。所以，除了一般性的经验，还要根据具体的案件情况来分析。

再者，如何理解"证据确实、充分，结论唯一"？证据确实是指证据真实，充分是指证据具有一定的量，足以得出认定的结论。证据确实、充分，不是要求证据一定要齐全，二者是不同的概念。对办案人员来说，证据当然是越齐全越好。但实际上，绝大多数案件都做不到，有的也没有必要。证据不需要太多，有时候只有一两个、两三个关键证据就行了。证据确实充分，需要有一定的量，但是不一定所有的证据都要收集到。证据确实、充分，结论唯一，即排除了其他可能性，排除了合理怀疑。那么，什么情形属于不能排除其他可能性呢？一是有证据表明还有其他可能性。二是证明有罪的证据不足以排除这种可能性。

（三）证据的分类审查与认定

针对实践中的问题，规定应当着重审查的内容：是否依法、全面、客观收集；来源是否合法、清晰、明确；证据是否具有关联性；能否与其他证据印证；排除意见证据及其例外；作证资格；利害关系等。现有的证据主要有七大类，刑事诉讼法修改后估计还会有所增加。归纳起来主要有以下几类：一类是客观性证据，一类是主观性证据，还有一类是主客观方面影响都比较大的证据。在审查的时候，要根据不同证据的特点进行审查。对明显违反法律和有关规定取得的证据实行排除原则。证据虽然具有形式瑕疵，经补正能够弥补或者作出合理解释，则可以采用。

1. 客观性证据：物质、书证

对物证、书证应当着重审查以下内容：是否与待证事实有关联；是否原物、原件；如果是照片、录像或者复制品，是否与原物原件核对无误；来源是否明确（是否有附有说明笔录）；需要辨认或者鉴定的，是否经过辨认或者鉴定；收集程序是否依法进行，是否已经全面收集。

据以定罪的物证应当是原物。只有在原物不便搬运、不易保存或者依法应当由有关部门保存、处理或者依法应当返还时，才可以拍摄或者制作足以反映原物外形或者内容的照片、录像或者复制品。物证的照片、录像或者复制品，经与原物核实无误或者经鉴定证明为真实的，或者以其他方式确能证明其真实的，可以作为定案的根据。原物的照片、录像或者复制品，不能反映原物的外形和特征的，不能作为定案的根据。据以定案的书证应当是原件。只有在取得原件确有困难时，才可以使用副本或者复印件。书证的副本、复制件，经与原件核实无误或者经鉴定证明为真实的，或者以其他方式确能证明其真实的，可以作为定案的根据。书证有更改或者更改迹象不能作出合理解释的，书证的副本、复制件不能反映书证原件及其内容的，不能作为定案的根据。

有一些属于应当绝对排除的情形：（1）照片、录像或者复制品，不能反映原物的外形和特征的，不能作为定案的根据。（2）书证有更改或者更改迹象不能作出合理解释的，书证的副本、复制件不能反映书证原件及其内容的，不能作为定案的根据。（3）未附有勘验、检查笔录、搜查笔录、提取笔录、扣押清单，不能证明物证、书证来源的，不能作为定案的根据。（4）对物证、书证的来源及收集过程有疑问，不能作出合理解释的，不能作为定案的根据。

如果有关机关移送过来的是物证、书证，按照"两个证据规定"的精神，只要物证、书证来源明确，其客观性、关联性有保障，那么，经依照有关规定办理移交手续，也就完成了向诉讼证据的转化。不能要求纪检监察、工商、税务等部门把物证、书证退回去，然后再由检察机关渎职检察或反贪污贿赂部门去收集。因为对物证、书证来讲，主要强调的是客观性和关联性，尤其是原件、原物。如果移交的是复制件、副本、照片或者录像，应当与原物、原件核对。经核对无误之后，即完成了它的转化。这和当前刑事诉讼法修改草案中"行政机关在行政执法过程中收集的物证、书证等证据材料，经过司法机关核实，可以作为证据使用"的规定是一致的。

2. 受主观性影响大的证据：证人证言

根据规定，其绝对排除的情况为：（1）询问证人没有个别进行取得的证言；（2）没有经证人核对确认并签名（盖章）、捺指印的书面证言；（3）询问聋哑人或不通晓当地通用语言、文字的少数民族人员、外国人，应当提供翻译而未提供的。其原因主要在于：应当个别询问而集中询问的证人，其证言会污染、影响其他证人的证言；没有核对确认，就不能证明其内容是真实的；未提供翻译的亦同。作为证言，有时候存在一些瑕疵，通过补正或作出合理解释后，仍然可以采信。主要包括：（1）没有填写询问人、记录人、法定代理人姓名或者询问的起止时间、地点的；（2）询问证人的地点不符合规定的；（3）询问笔录没有记录告知证人应当如实提供证言和有意作伪证或者隐匿罪证要负法律责任内容的；（4）笔录反映出在同一时间段内，同一询问人员询问不同证人的。被告人的供述和辩解也是这样的。

总的来说，对受主观性影响比较大的证据，审查时要着重注意：（1）是否通过刑讯、暴力、威胁取得；（2）是否依照法定程序收集，如是否个别询问；（3）感知能力、记忆能力（感知至陈述的时间）、表达准确性；（4）是亲身感知或依据经验判断，还是猜测、推测；（5）供述、陈述、作证时的状态；（6）前后是否有矛盾，是否有反复，是否合乎情理。一般来说，前面的供述相对来说比较接近现实。

3. 既有客观性也有主观性的证据：辨认

辨认是既有客观性也有主观性的证据。对于如下情况，应该被绝对排除：（1）辨认不是在侦查人员主持下进行的；（2）辨认前使辨认人见到辨认对象的；（3）辨认没有个别进行的；（4）辨认对象没有混杂在具有类似特征的其他对象中，或者供辨认的对象数量不符合规定的。尸体、场所等特定辨认对象除外。（5）辨认中给辨认人明显暗示或者明显有指认嫌疑的。有下列情形之一的，通过有关办案人员的补正或者作出合理解释的，辨认结果可以作为证据使用：（1）主持辨认的侦查人员少于2人的。如果有其他的证据（如辨认录像或见证人）证明，即使他一个人主持辨认，这个辨认过程也是按照法律规定进行的，是客观公正的，辨认结果也是真实可靠的，就可以作为证据使用。（2）没有向辨认人详细询问辨认对象的具体特征的。如果办案人员在一开始讯问的时候就已经问过这些特征了，就可以作出合理解释。（3）对辨认经过和结果没有制作专门的规范的辨认笔录，或者辨认笔录没有侦查人员、辨认人、见证人的签名或者盖章的；（4）辨认记录过于简单，只有结果没有过程的；（5）案卷中只有辨认笔录，没有被辨认对象的照片、录像等资料，无法获悉辨认的真实情况的。

辨认在当前实践中存在最多的问题，就是违反辨认规则。国外研究表明，辨认错误导致冤假错案比率最高。辨认错误导致错案占2/3。强奸错案90%系辨认错误；杀人错案50%系辨认错误。在我国，20世纪70年代至今媒体报道178起案件，选取与辨认和刑讯逼供有关的19起案件，涉及当事人33名，故意杀人6起11人，强奸8起12人，抢劫4起9人，故意伤害1起1人。其中10人被判处死刑（包括死缓），2人被执行死刑；1人无期徒刑；11人中有期徒刑9年以上7人；拘留、逮捕11人。真凶出现9起，被害人"复活"5起，证据不足5起。被害人"复活"5起案件均为故意杀人案，都是因为尸体辨认错误。真凶出现9起案件，均与辨认有关。因此，我们在审查辨认的时候，一定要遵循以下几个基本原则：混杂辨认原则；个别辨认原则；单独辨认原则；不得诱导、暗示原则；事先询问原则；辨认前不得向辨认人披露辨认对象情况的原则。

（四）特殊侦查措施取得的证据的采纳

侦查机关依照有关规定采用特殊侦查措施所收集的物证、书证及其他证据材料，经法庭查证属实，可以作为定案的根据。法庭依法不公开特殊侦查措施的过程及方法，主要是考虑到有些侦查措施涉及一些秘密事项，有的是涉及侦查人员的安全。特殊侦查措施包括电子侦听、电话监听、电子监控、秘密拍照、录像、获取计算机网络信息等技术侦查措施，还包括诱惑侦查、卧底（线人）、控制下交付等。刑事诉讼法草案对特殊侦查措施也作了规定，包括技术侦查和秘密侦查。如公安机关在立案后，对于危害国家安全犯罪、恐怖活动犯罪、黑社会性质的组织犯罪、重大毒品犯罪或者其他严重危害社会的犯罪案件，根据侦查犯罪的需要，经过严格的批准手续，可以采取技术侦查措施。人民检察院在立案后，对于重大的贪污、贿赂犯罪案件以及利用职权实施的严重侵犯公民人身权利的重大犯罪案件，根据侦查犯罪的需要，经过严格的批准手续，可以采取技术侦查措施。追捕被通缉或者被批准、决定逮捕的在逃的犯罪嫌疑人、被告人，经过批准，可以采取追捕所必需的技术侦查措施。但是，采取技术侦查措施，必须严格按照批准的措施种类、对象和期限执行。侦查人员对于采取技术侦查措施过程中知悉的国家秘密、商业秘密和个人隐私，应当保密；对于采取技术侦查措施获取的与案件无关的信息和事实材料，应当及时销毁。采取技术侦查措施获取的材料，只能用于对犯罪的侦查、起诉和审判，不得用于其他用途。实施秘密侦查，也不得诱使他人犯罪，不得采用可能危害公共安全或者发生重大人身危险的方法。

（五）酌定量刑情节

《办理死刑案件证据规定》具体规定了一些酌定的量刑情节。

如案件是否由于婚姻家庭纠纷、邻里纠纷引起的、被害人有无过错或过错程度、是否进行了赔偿并得到了谅解，等等。这些规定本身都是十分必要的。但是实践中存在一些理解上的问题。关于婚姻家庭纠纷或是邻里纠纷引发的案件应当怎么理解呢？应当说行为人平时没有反社会性，但有时基于上述因素产生的临时矛盾或冲突，导致行为人情绪失控，行为过于剧烈，导致了严重的后果，而且犯罪之后积极悔罪，对被害人或其家属进行赔偿。不能把所有婚姻、家庭或邻里之间发生的案件都理解成不适用死刑的案件。有些案件的被告人主观恶性很大，反社会性很强，手段十分残忍，后果也很严重，如果必须要适用死刑的话，仍应适用。再一个就是被害人过错，也不能作太宽泛的理解，应该理解为被害人的行为使被告人感到了一种现实的威胁，比如说长期受到虐待、压抑的情况。还要注意赔偿和赔偿之后，是否取得了被害人的谅解，不能将二者等同。

（会务人员根据现场记录整理）

八、对"两个证据规定"的解读

龙宗智

"两院三部"关于刑事证据的两个规定在我国 2010 年的司法事件中是一件值得关注的事情。"两个证据规定"是指：《关于办理死刑案件判断证据若干问题的规定》（以下简称《办理死刑案件证据规定》）和《关于办理刑事案件排除非法证据若干问题的规定》（以下简称《非法证据排除规定》）。

在这里，我希望"规定"中的一些规则、规范，能引起在场各位的思考和反思，对我们曾经办理过的案件，或者目前正在办理的案件中的一些问题，引起更多想法。大家知道，案件质量把关在法院，贯彻难题也集中在法院。"两个证据规定"出台后各方面的反映截然不同：有的叫好，有的叫难。所谓"叫好"，是指"两个证据规定"出台很及时、很有针对性，也很重要。所谓"叫难"，包括两点：一是将其贯彻执行十分困难，有人说这是一场司法的攻坚战。这里面既有法律的考虑，又有证据的考虑。真要执行起来，还是会面对很大困难的，最高人民法院也面临着很大的考验。我相信，没有哪个在座的法官认为"两个证据规定"执行起来很简单。二是会带来侦查取证方面的困难。公安方面、检察院反贪侦查方面的意见比较大，认为"两个证据规定"的制定较为超前，在一些比较重要证据的获取上有非常严格的要求。有的公安人员抱怨说：搞侦查的哪有不动粗的？当然，公诉方面还好些，主要在侦查当中，应当如何应对挑战，确实是一个大问题。

"两个证据规定"是两院三部共同制定的，可以说是各方面意志的汇总，法律效力应当是一个特殊法律文件，既不是司法解释，也不是行政规章。其主要特点是：院、部各方面研究决定的结晶，主体多元，视角一元，主要从法院的角度出发谈怎么审查。毕竟，公安机关主要是负责取证的，根本谈不上审查、判断。当然，对检察院提起的公诉也要参照进行审查。因此，我们说这个一元也是有道理的，因为法院最后要定案，要把住最后一道关。虽然多元和一元有一点矛盾，但也不是很明显。

一、为什么要制定"两个证据规定"

用一句话概括，就是体现法治进程，体现实践要求。一方面是修改刑事诉讼法完善刑事诉讼制度的立法要求，另一方面是把好死刑关，防止违法取证导致冤假错案的现实需要，同时也是中央司法改革在刑事诉讼制度完善方面的重要举措。具体来说主要体现在以下三个方面：

1. 中央司法体制改革方案的一部分

在2008年中央司法体制改革方案中，其中有一小段写道："（1）完善刑事诉讼证据制度，明确证据审查和采信规则以及不同诉讼程序的证明标准等。（2）完善非法证据排除制度，明确非法证据排除的范围、证明责任、审查程序和救济途径等。（3）完善证人、鉴定人出庭制度和保护制度。（4）明确侦查人员出庭作证的范围和程序"。可见，主要涉及以下三个方面的内容：一是明确证据审查和采信规则以及不同诉讼程序的证明标准等；二是完善非法证据排除制度，明确非法证据排除的范围、证明责任、审查程序和救济途径等；三是完善证人、鉴定人出庭制度和保护制度，明确侦查人员出庭作证的范围和程序。

2. 为了克服刑事诉讼法关于证据的规定过于粗略、很不完善的弊端

毋庸置疑，证据是刑事诉讼的关键，侦查、起诉、审判等程序

都围绕证据展开，证据的重要性是不言而喻的。当然，每个案件千差万别，根据模糊学的原理，只能相对模糊化，越准确就越不准确。比如说，我们说这个人走得很快，说不出具体的速度，这种程度的模糊是完全可以的。但是，倘若你说他以 10.5 公里的时速走路，你怎么能这么准确地指出他的速度，你又没有这个条件！因此，对案件性质的理解有些偏差，作为法官、检察官谁都难免，最多只是错案；但是证据不能有问题，否则就不只是错案，而是冤案、假案。在座的每位法官可能都办过错案，但绝不能办过冤案。但刑事诉讼法有关规定还不完善，导致司法活动中随意性太大，造成了不利后果。你说证据要合法，要规范取证，那合法性的具体标准是什么？规范的标准是什么？我们的刑事诉讼法并没有都给出明确的答案，比如对以下重要、疑难问题，刑事诉讼法缺乏规定：

——各类证据合法性的具体标准是什么？

——被告翻供、证人翻供如何处理？

——零口供案件怎么办？

——特殊侦查手段获得的证据能不能用？

——证人什么情况下必须出庭作证？

——侦查讯问人员什么情况下需要出庭作证？

尽管刑事诉讼法需要完善，但迟迟不能完善，国家采取了一种任其自然的态度。刑法学教授们不断讲刑法修正案，现在都有八个了，而我们刑事诉讼法连一个修正案都没有，但刑事诉讼法可是比刑法修订还早一年！早在上届人大，就把刑事诉讼法的修改列入计划，但直到现在也没有修订，本届人大接着纳入了修改计划。主要是由于各方面存在利益冲突，涉及公安、检察院和法院等各部门之间的职权分配问题，总是协调不好，这就导致放置了十多年来没有修改一个字。

3. 出于总结经验教训，防止冤假错案的需要

这些年来出现了一些影响比较大的冤假错案，包括杜培武案、佘祥林案、赵作海案以及最近披露的广西王子文案等重大冤假错

案，其基本原因是收集、使用证据上出现问题，证据收集程序不规范，刑讯逼供屡禁不止，案件质量受到严重影响。

近年来暴露出的刑事案件仍然十分典型，反映了严重的问题，对这些冤案，有人认为，我们对冤案要有正确的认识，哪个国家都有冤案，美国也有冤案。这是法治的代价，不要大惊小怪，而且有些冤假错案是前些年办理的结果，现在我们的法治状况已经取得了很大的进步，既能够发现以前的冤案，也能在很大程度上避免今后再发生冤案。

我认为还是不能这么乐观，要辩证地看待和分析这个问题：

一是这些被披露的冤案肯定只是冤案中的一小部分，是冰山一角而已，其多是因为某种十分偶然的原因而被披露，如死人复活、真凶现身等。加上我们的宣传控制，一些冤假错案并未报道。大家试想一下，要是没有发现真凶，这些冤案又该怎么办，岂不是永远都不能被发现！

二是酿成冤案的基本原因是制度性的，但是这些制度问题尚未有效解决。在这些冤案中，公安、检察、法院的责任都是混合的。而且，在我们目前的这种体制下，公检法的关系往往是配合多于制约的。

二、《办理死刑案件证据规定》的主要内容

"两个证据规定"的基本内容，从总体内容和框架来看，是全新的，是我国刑事证据制度的创新和突破。其中，有许多问题特别应该引起我们的关注。

《办理死刑案件证据规定》分为三个部分，共41条。第一部分主要规定了证据裁判原则、程序法定原则、证据。第二部分主要规定了证据的分类审查和认定。第三部分主要规定了对证据的综合认证。

下面谈谈我们应主要关注的问题：

（一）规定了证据裁判原则，强调了证据的作用

《办理死刑案件证据规定》的第 2 条规定，"认定案件事实，必须以证据为根据"，第一次明文确立了证据裁判原则，这是"以事实为根据，以法律为准绳"原则的深化。这与过去的区别在于，以事实为根据，强调实体真实，强调千方百计地查明案件实际情况；以证据为根据，强调"证据真实"，认定案件事实，只能依据搜集到的证据，强调证据的确实充分。事实是靠什么为支撑、为基础的？当然是证据，证据裁判是所有诉讼法的基石。依照诉讼法进行诉讼的过程，就是证据的收集、审查、判断、处理的过程。因此，我们必须强化证据意识。

（二）严格和明确地规定死刑案件的证明标准

刑事诉讼法第 162 条规定，对被告人作出有罪判决，必须做到"事实清楚，证据确实、充分"。但是，这一规定过于原则，对什么是"证据确实、充分"，在实践中很难把握。为此，《办理死刑案件证据规定》第 5 条对"证据确实、充分"予以了细化："（一）定罪量刑的事实都有证据证明；（二）每一个定案的证据均已经法定程序查证属实；（三）证据与证据之间、证据与案件事实之间不存在矛盾或者矛盾得以合理排除；（四）共同犯罪案件中，被告人的地位、作用均已查清；（五）根据证据认定案件事实的过程符合逻辑和经验规则，由证据得出的结论为唯一结论。"

证据法的标准是什么标准？是"心证"标准，而不是说这是圆的，这是方的，是可以用尺子量的。关键就要掌握一条，死刑案件在我们定案时要求最高的标准，最严格地把握。因为死刑案件人命关天，质量问题尤为重要，在认定事实和采信证据上绝对不容许出任何差错。最高人民法院在出台这个意见之前，就将死刑案件的标准作为最高标准。在死刑案件的证据标准上，无论是英美法系也好，大陆法系也好，本质上是差不多的，建立内心确信就是排除合理怀疑。但是，联合国关于死刑的规定用的则是没有任何其他解释

的余地的标准。哪些事实需要达到这样的标准呢，我认为，主要有以下几方面：（1）认定被告人有罪的事实，即要件事实；（2）共同犯罪中地位作用的事实；（3）对被告人从重处罚的事实。

但是，并非死刑案件所有事实都要适用这样的标准，对于不影响定罪量刑的事实，或者对被告人从轻处罚的事实不需达到这样的证明标准，即可予以采信。这里就借用了"自由证明"（非关键事实）与"严格证明"（关键事实）的法理。

（三）明确了对于明显违反法律和有关规定取得的证据，不能作为定案的根据，应当予以排除

这也是《办理死刑案件证据规定》增加的新内容。包括经勘验、检查、搜查而提取、扣押的物证，没有勘验、检查、搜查而提取、扣押的笔录，不能证明物证、书证来源的；以刑讯逼供等非法手段取得的口供；以暴力、威胁等方法取得的证人证言；作出鉴定结论的鉴定机构不具有法定的资格和条件，或者鉴定事项超出鉴定机构业务范围的；勘验、检查笔录存在明显不符合法律及有关规定的情形，并且不能作出合理解释或者说明的等等，均不能作为定案的根据。我们可以将有问题的证据分为三类：一是违法证据，应当排除；二是基本要素欠缺的证据，禁止使用；三是瑕疵证据，可以进行补正与合理解释。

（四）确立了意见证据规则和最佳证据规则

《办理死刑案件证据规定》第 12 条第 3 款规定："证人的猜测性、评论性、推断性的证言，不能作为证据使用，但根据一般生活经验判断符合事实的除外。"我国现行刑事诉讼法没有关于意见证据的规定。在办理死刑案件时明确这一证据规则，有利于规范证人如实提供他们所感知的案件事实的证明活动，避免将证人自己的猜测、评论、推断作为其感知的事实，从而对案件事实作出错误判断。

（五）确立了有限的直接言词证据规则，规定了证人应当出庭作证的情形

主要有以下两种情形：一是人民检察院、被告人及其辩护人对证人证言有异议，该证人证言对定罪量刑有重大影响。二是法院认为其他应当出庭作证的标准。

（六）明确了翻供、翻证形成的证据矛盾的解决原则

一是证据必须经法庭质证才能作为定案依据，因此应当重视法庭供述与证词。二是对于翻供、翻证等有矛盾的供词、证言，采取综合判断方法取舍。此外，还要格外注意供述稳定性、翻供理由与证据印证（最为重要）。

（七）明确了各类证据的审查方法与使用标准

这是《办理死刑案件证据规定》的主要的内容，全面规范了各类证据的收集、使用，可操作性很强，大家要认真学习和掌握。死刑案件的证据规定，除个别条款专用于死刑案件以外，其基本原则和法理是具有共通性的。

（八）明确规定了依靠间接证据定案的规则

比如：没有口供、目击证人证言及被害人陈述，只有指纹等间接证据，能否定案的问题。当然，这对间接证据提出了很高的要求：应当具有确实性、印证性、矛盾排除、证明体系的完整性、结论的唯一性、符合经验法则和逻辑法则等特征。

简单归纳一下，规定传达的主要精神是：一是可以零口供定案；二是判处死刑应当特别慎重；三是从法理和司法实践要求上讲，间接证据对犯罪行为的推断应当具有很高的要求，而对犯罪主观方面的判定标准可低于客观方面。

（九）允许使用特殊侦查手段获得的证据，拓宽了证据的范围

《办理死刑案件证据规定》第 35 条明确规定：侦查机关依照有关规定采用特殊侦查措施所收集的物证、书证及其他证据材料，

经法庭查证属实，可以作为定案的根据。我个人认为这条表述不太慎重。什么叫特殊侦查手段？没有法治化的东西能够登堂入室，作为证据使用，依据何在？如何进行司法审查？这显然是一种不太严肃的做法。

三、《非法证据排除规定》的主要内容

《非法证据排除规定》主要包括以下内容。

（一）什么是非法证据

主要是对非法证据特别是非法言词证据的内涵和外延进行界定。

1. 明确了非法言词证据的内涵与外延。

非法证据涉及的面较广，具体处理时如何把握也很复杂。对非法证据的排除对象突出了重点：一是突出言词证据。非法证据除了非法言词证据外，还有非法实物证据。现有司法解释突出了对非法言词证据的排除。二是突出口供。三是突出禁止刑讯逼供。

2. 明确了应由控诉方对被告人审判前供述的合法性负举证责任，同时明确了侦查人员作证等问题。

3. 明确了合法性前置调查程序及随机调查程序。

4. 明确了被告方提供证据或线索的责任。

5. 明确了控诉方的举证责任——法庭对被告人审判前供述取得的合法性有疑问。

法庭审理中，对于有无刑讯逼供等非法取证行为，控辩双方往往各执一词，查证十分困难。《非法证据排除规定》第 7 条规定，明确了讯问人员出庭作证问题。这也是重要的新规定，既避免了动辄要求讯问人员到场，也保证了讯问人员必要时就其执行职务情况出庭作证，有助于便捷、有效地查明证据取得的合法性问题。公诉人应当首先向法庭提供讯问笔录、原始的讯问过程录音录像或其他证据，提请法庭通知其他在场人员或者其他证人出庭作证。仍不能

排除刑讯逼供嫌疑的，提请法庭通知讯问人员出庭作证，对该供述取得的合法性予以证明。

6. 明确了对非法取得的物证、书证的排除问题

对非法取得的物证、书证是否排除，国内外都存在较大争议，司法实践中一般很少予以排除。为规范取证活动，确保办案公正，现阶段对物证、书证的非法取证问题作出了原则性规定："物证、书证的取得明显违反法律规定，可能影响公正审判的，应当予以补正或者作出合理解释，否则，该物证、书证不能作为定案的根据"。

（二）违法口供排除及口供审查应当注意的问题

对"刑讯逼供等违法证据应当排除"的规定如何理解和适用：

一是刑讯逼供与审判不规范的区别。刑讯逼供是指暴力取供达到一定的程度，即以暴力逼取口供的违法行为，区别于审讯不规范。不是政策攻心的过程中踢了你两脚，打了你两下，就一律认定为刑讯逼供，还是有一个程度的区别的。

二是变相刑讯问题。目前直接采用暴力的刑讯逼供有所减少，实践中不采用直接暴力的变相刑讯逼供较为普遍。例如，长期不让睡觉，长时间保持某种特定姿势不许调整、不许休息等。违法证据排除要求排除刑讯逼供的证据，是否包括各种变相刑讯逼供的证据，还是存在一定的争议的。

个人认为，根据司法实践和立法精神，变相刑讯逼供，只要达到一定程度，就相当于刑讯逼供。因为法律上采取的是比较简略的规定方式，因此有很大的解释空间。捶楚之下，何求而不得？我国1986年签署、1988年批准生效的《反酷刑公约》明确"酷刑"的概念为，蓄意使默认在肉体或精神上遭受剧烈疼痛或痛苦的任何行为，而这种疼痛或痛苦又是在公职人员或以官方身份行使职权之人唆使、同意或默认他人的情况下实施的。由此可见，将严重的变相刑讯逼供认定为刑讯逼供，是有理论上的依据的。

三是非法的威胁、引诱、欺骗问题。威胁、引诱、欺骗的方法

不一定都是非法的，审讯中的欺骗有很多可以被称之为审讯的策略与技巧。美国也没有对此进行规定。但过度的欺骗也可能导致假案。"两个规定"的出台，原则上是有争议问题暂时放下来，不规定，因此没有涉及这个问题。但在刑事诉讼法中规定了，威胁、引诱、欺骗是非法的，而且既然规定上有个"等"字，就存在可以被排除的空间。不是都不排除，也不是都排除：一定程度内的施加心理压力、给予合法利益，以及欺骗是侦查对抗性的产物，为法律所允许；超过限度，或以不适当方式实施的威胁、引诱、欺骗可能导致冤假错案，应当禁止。

至于判断的主要标准，表现为合法性标准、合理性标准与真实性标准。前者如行为人杀了几个人，侦查人员诱供说：你招了我们就马上放你走。怎么可能放他走呢？这显然违反了合法性标准。而合理限度标准主要指不要过分，要适度。美国的标准是不要冲击社会的良心。比如警察装成一个牧师，通过被告人忏悔办案，或是扮成律师，获取被告人证据的，都明显超过了合理的限度。真实性标准的主要要求是：你考虑你采取这种方式，会不会导致一个没有犯罪的人会承认自己犯罪——这是底线性要求。

四是"二次自白"、重新取证的问题。就这一条没有规定，可以使你的全部规定等于零。这是很大的也是致命的缺陷。毕竟，十次口供至少有八次是合法的。我要用二次自白来定你，怎么办？考虑到立法的精神，对二次自白一定要作出限制。一个案件只要打了被告人一次，就会产生一个连续的效应，我们叫做波及效应。没有一个被告人会这样，打一次招供一次，不打后马上就不招供。不会一换机关、程序，下一次的口供马上就改变。国外的处理方式是，严重违法行为所产生的波及效应，限制二次自白；一般程序违法，或刑讯逼供并不严重，二次自白产生稀释效应，可以考虑采纳。我认为，首先要看有没有刑讯逼供，如果有，原来的证据就应当排除；如果没有，就按照翻供原则处理。然后看翻供的理由；再看口供的连续性。总之，二次自白，原则上要排除，原则上不允许单方面对同一证据来源重新取证。

五是行为人"双规"期间取证的审查问题。这是一个很敏感的问题。说实话，职务犯罪案件的取证关键恰恰就在"双规"期间，而在少数情况下，无辜的人当场认罪的也屡见不鲜，非法取得的证据会一直延续到刑事诉讼中，这会严重影响诉讼程序的展开。因此，审查"双规"期间的取证，是刑事法官负责任的表现。

（三）证言收集应当注意的问题

一是暴力、威胁方法等非法取证、查明证据应当排除。

二是防止证言欠缺证据要素。处于明显醉酒、麻醉品中毒或使用精神药物状态，以至于不能正确表达证人所提供的证言，不能作为定案的根据。证人的猜测性、评论性、推断性的证言，不能作为证据使用，但根据一般生活经验判断符合事实的除外。

（四）物证、书证审查应当注意的问题

"两个证据规定"对物证、书证审查应注意的问题作出了具体的规定。主要表现为：

第一，关于收集物证、书证合法性问题。

1. 主要要考虑违法的严重性、危害性、不可弥补性。

2. 物证、书证的真实性与最佳证据（原始性）规则。

3. 原始证据为原则。

4. 复制件使用应当规范化。

5. 不得已使用复印件；核对与鉴真要求；说明责任；瑕疵补正与合理解释。

6. 不得破坏、改变证据。物证、书证的保管链问题。

这也进一步确立了原始证据优先规则，明确规定不能反映原始物证、书证的外形、特征或者内容的复制品、复制件应予排除。规定这一规则，目的在于促使侦查机关更加努力地收集最具有真实性的原始证据，从而更准确、及时地查明案件事实，实现实体公正。

第二，物证、书证的关联性问题。

又可以分为内部关联性和外部关联性。内部关联性是证据信息的关联性，即对案件事实的证明力；外部关联性，是指证据来源于案件，如作案工具或赃款等是从犯罪现场或嫌疑人身上取得的。

物证、书证的外部关联性规则：

1. 无关联性证据，不能用。

2. 关联证据有瑕疵可补正与解释。

3. 没有两人提取，只有一人签名。

4. 物证、书证的收集没有向对方确认或他人见证。

5. 关联证据记载不清、不详。

补正和解释的方法：

1. 重新制作相关笔录。

2. 完善原有笔录，请有关人员对瑕疵作出解释。

3. 以其他证据证实。但不能作假证。

（会务人员根据现场记录整理）

九、死刑案件的证据标准

刘广三

【专家简介】 刘广三，男，法学博士，北京师范大学刑事法律科学研究院证据法研究所所长、教授、博士生导师，中国犯罪学研究会常务理事，兼任中共中央纪律检查委员会、监察部客座教授（北戴河培训中心），北京东卫律师事务所兼职律师。2010 年 3 月 11 日，经北京市石景山区第十四届人民代表大会常务委员会第二十四次会议通过，被任命为北京市石景山区人民检察院副检察长、检察委员会委员。个人独立专著有《犯罪控制视野下的刑事诉讼》（中国人民公安大学出版社 2007 年版）、《犯罪现象论》（北京大学出版社 1996 年版）、《计算机犯罪论》（中国人民大学出版社 1999 年版），合著有《新刑事诉讼法论》、《刑事证据学》、《计算机法》等，主编《刑事诉讼法案例题解》等著作，代表性论文有《论犯罪当量》（载《法学研究》1994 年第 1 期）、《犯罪学上的犯罪概念》（载《法学研究》1998 年第 2 期）、《犯罪控制视野下的刑事诉讼论纲》（载《中国法学》2004 年第 4 期）。

一、关于刑事证据的几个基本认识

（一）刑事证据的多重视角

我们首先要对证据进行分类。

1. 有罪证据与免罪证据的区分

过去我们也把它称作控诉证据和辩护证据。辩护方运用的大多是罪轻证据或免罪证据，规则也比较简单。而控诉方主要运用的则是定罪证据或罪重证据，法律的要求就非常严格。二者适用的规则是不同的。陈光中教授认为，辩护人使用的证据与公诉机关使用的证据，二者的主要差别在于辩护人的证据只要居于优势地位即可，不需要达到控方证明标准这一严格的程度。

2. 定罪证据与量刑证据的区分

严格而言，二者区分一般比较困难，但在多数情况下，是可以作这样的划分的。有些证据只是影响量刑的，而有的只是影响定罪的。当然，在很多情况下，证据既可以影响定罪，也可以影响量刑。这样区分的目的是为了配合量刑程序的改革。在这一改革中，我们格外关注的一个问题，就是在定罪程序中禁止使用量刑证据，避免用量刑证据来影响定罪。

3. 动态证据与静态证据的区分

所谓动态证据，是指单个的证据在诉讼过程中可能会发生变化。静态证据则反之。动态证据主要指言词证据，不像实物证据那么稳定。比如，当事人供述或者证人证言，在整个案件的调查审理过程中可能会存在很多份笔录，且内容之间可能出现差异，甚至前后矛盾。具体使用哪一份比较合适呢？在实践中，这是一个经常要面对的问题。有的法官就一律采用被告人在检察机关进行的供述——主要因为其相对而言较为稳定。因此，在一个诉讼过程中，证据是不停变化的，证据的范围一开始就不是固定不变的。

（二）作为定案根据的刑事证据应当具备的特征

1. 客观性

在我看来，在一个大量使用言词证据的国家，不可能过分要求证据具有客观性。被告人供述、证人证言，甚至鉴定结论，都很难避免带有一定的主观性成分。即使是证人看到的事实，在某些情况下也是其认为自己看到的事实。因此，就我个人的研究来看，证据的客观性不是绝对的。把它作为定案根据应当具备的特征，似乎比较勉强，特别是在言词证据的运用过程中。但应当强调的是，就证据的内容而言，应当是客观的。那么，在哪些情况下，应当完全排除证据的客观性呢？第一，凡是理论学说的观点，都不具备客观性——纯主观性的东西是不能作为证据使用的。第二，封建迷信类的证据也不具有客观性，应当被排除。就判断而言，体验性判断应当是具有客观性的，而纯意见性判断则是主观的。至于其他的情况，很难说完全不具有客观性。因此，客观性作为定案根据的基本特征，它的范畴是十分广泛的，不能简单地说一个证据不具备客观性，是主观的。

2. 相关性

作为定罪证据而言，必须和本案事实存在必然的、内在的、直接的联系。而辩护人提出的免罪、罪轻证据，则可能和本案存在偶然的、外在的、间接的联系。判断是否存在相关性也是比较复杂的，但我们可以从另一个角度出发，讨论在什么情况下可以排除相关性：

（1）先行类似行为：一般表现为以前也曾经发生过类似的行为，要在定罪阶段排除证据的相关性。该行为只能影响法官的量刑，而不能在定罪阶段影响法官的判断。

（2）品行证据：在定罪阶段，不能对被告人的品行进行攻击，只能攻击证人的品行，并以此怀疑他的证词的可靠性。一个人的品格是否高尚，和他是否实施犯罪之间，是没有关联性的。但在量刑阶段，则可能发挥一定的作用。

（3）表情证据：表情证据是侦查机关判断侦查线索的一个很重要的依据。我们国家的刑事诉讼法典中没有涉及这一问题，但是我国台湾地区的"刑事诉讼法"中则明确规定了表情证据。在定罪阶段，严禁使用表情证据。中国人向来很注重表情，古代也有"五听"制度，具体观察五个方面：辞、色、气、耳、目。"辞"指说话，即这个人说话是否闪烁其词；"色"指脸上的颜色，如阴阳突变；"气"指喘气；"耳"指听力；"目"指眼睛，即眼神迷离，眼珠乱转。包拯断案，靠的就是五听。因此，表情证据在我国是很有传统的。但和被告人是否实施犯罪之间，是没有相关性的。一个人面临着法官、检察官或是警察，其表情产生各种各样的变化是非常正常的——"不做亏心事，也怕鬼敲门"。当然，现在我们的判决书上已经很少看到表情证据了。表情作为侦查线索的依据，侦查机关可以使用，但不能形成书面证据文本提交给法院。

可以说，凡是冤假错案，都是在证据的相关性上出了问题的，这是诉讼当中的一个规律。正确判断相关性，原则上出现错案的概率将会大大降低。

3. 作为定案根据的言词证据应当具备合法性

凡是用非法手段取得的被告人供述、被害人陈述、证人证言，不得作为定案的根据。但鉴定结论是否属于言词证据呢？学界基本上没有争议。如果鉴定结论是用非法手段获得的，当然不能作为定案的依据。比如说鉴定人应当回避而没有回避的，其作出的鉴定结论当然是非法的，不应当作为定案的根据。至于实物证据，如果是用非法的手段获得的，能否作为定案的根据呢？不能一概而论，应当根据其违法的情节和后果，由法官来进行具体的裁断。

（三）从对证据证明力的关注转向对证据能力的关注

学者希望的不是哪些情况下可以凭借一定的证据定案，而是在哪些情况下不能定案。其实，证据的证明力问题是证据规则很难解决的，通常是由法官根据经验自由裁量的。因此，我们现在更多关注的，应当是证据的证明能力，也叫证据能力、证据资格。法律解决的，应当是哪些材料不能作为证据使用。并非所有的材料都能作为证据使用，要受到证据资格的严格制约。比如说，我国刑事诉讼法第48条规定，凡是知道案件情况的人，都有作证的义务。但生理上、精神上有缺陷或者年幼，不能辨别是非、不能正确表达的人，是不能作证的。这就是关于证人资格的一个比较完备的规定。虽然看起来没有什么争议，但在实践中还是面临很多问题的。一个哑巴，生理上有缺陷，能否作证呢？就看他会不会聋哑语；如果不会的话，就看其会不会写字；如果还不会，我们就说其不能正确表达，不能作证。但"不能辨别是非、不能正确表达的人"中间是一个顿号，这表明什么意思呢？学界认为，这是选择性顿号，二者只要具备其一即可，并非要同时具备。间歇性精神病人在精神正常期间能否作证？这个问题非常复杂。因为其看到事实的那一瞬间，精神是否正常，现在是很难鉴定的。同样，"年幼"的标准是非常难以界定的。根据我们的生活经验，10 岁以下一般就称为"年幼"，没有民事行为能力，也没有作证的能力。不过事实上也不总是如此。如在一起案件中，曾对一个 4 岁半的孩子的作证能力进行了鉴定，结论是"不能辨别重大是非"，"基本能够正确表达"。通过和法条进行对比，这个孩子是否具有证人资格，仍然是不好判断的。

（四）证据是给谁看的？——刑事法官眼里的证据

所谓自由心证，是指证据的取舍和证明力大小，由法官根据自己的良心和理性自由地加以判断。据调查，法官接受最多的证据永远是公诉机关的证据，接受最少的则是视听资料。我们可以肯定的是，法官都倾向于使用言词证据，因为其信息量大，而且省略了大量的逻辑推理过程。但是，在言词证据的运用中，存在着大量的规则，也面临着很多的问题。40 岁以上的法官和 35 岁以下的法官看待证据是不同的，随着审判经验的积累和生活阅历的增加，其在证据问题上的取舍是不一样的。此外，地区差异也非常大。总之，证据就是给法官看的，在我看来，法官如何看待证据非常重要；而检察官、公安机关怎么看待证据不重要。

二、死刑案件的证明标准问题

先谈一下非法证据排除规则的问题。前不久，最高人民法院熊选国副院长在他的报告中谈到了非法证据的举证规则问题——谁来证明证据的非法。他指出，凡是经初步线索查明有刑讯逼供可能的，则由检举证明讯问的合法性，可以说这是证明责任的倒置。将来，控方承担着证明合法性的举证责任，而辩方只要提供初步线索就可以了。接下来是证明标准问题。我对熊院长的这个看法还是持保留意见的。他认为，证明合法性问题，应该达到确实、充分的程度；证明有刑讯逼供可能的，标准可以相对低一些。我认为，辩方的证明应当没有什么标准，最多是优势，或者可能性大一点就可以了。

至于普通案件的证明标准，存在"内心确信"（大陆法系）、"排除合理怀疑"（英美法系）、"案件事实清楚、证据确实充分"（刑事诉讼法第162条，最高人民法院《解释》第176条）等标准。后来，发展为"案件事实清楚、证据确实充分，排除合理怀疑得出唯一结论"（最高人民法院、最高人民检察院、公安部、司法部2007年3月9日联合印发的《关于进一步严格依法办案确保办理死刑案件质量的意见》）。陈光中老师对这句话进行了猛烈的批判。他认为，"排除合理怀疑"和"得出唯一结论"的证明标准是存在巨大差别的。如果用百分比计算的话，前者的可能性在95%～99%之间，而后者则毫无疑问是100%。因此，这一证明标准存在前后矛盾。与此相对应，陈卫东教授也曾经在论文中提出，死刑案件的证明标准应当是"排除一切怀疑"。我的疑问就是，"排除合理怀疑"和"排除一切怀疑"的区别是什么呢？陈老师的答复是，后者比前者的证明程度更高。但这并不能令我满意。比如说，DNA鉴定结论的重复率为一千万分之一。但目前北京市的总人口接近两千万人，全北京肯定有一个人和我的 DNA 一样。如果在犯罪现场发现了我的血迹，我完全可以辩解，全中国有很多人和我的 DNA 是一样的，这肯定是一种"怀疑"，但是不科学的，不合理的。如果要排除一切怀疑，DNA 鉴定结论都不能被采纳，我也就会被无罪释放了。因此，对于"排除一切怀疑"这一说法，我总是觉得不可能，不符合人类认知的规律。哪怕是死刑案件，我认为也应当允许犯错误，只是应尽可能少犯错误。

现在我们回到联合国经社理事会《关于保护死刑犯的权利的保障措施》第 4 项，规定"只有以明确和令人信服的证据而对事实没有其他解释余地的情况下，才能判处死刑"。这一标准是否比我国"案件事实清楚、证据确实充分"的标准高呢？我认为，所有这些标准的内涵差别不大，区分它们之间比例的差别，没有任何意义。无非要明确的是，对死刑案件要执行更高的标准。但这一想法未必能在将来的刑事诉讼法修改中实现。

三、关于"留有余地"问题

最高人民法院、最高人民检察院、公安部、司法部 2007 年 3 月 9 日联合印发的《关于进一步严格依法办案确保办理死刑案件质量的意见》（以下简称《死刑质量意见》）指出："人民法院应当根据已经审理查明的事实、证据和有关的法律规定，依法作出裁判。对案件事实清楚，证据确实、充分，依据法律认定被告人有罪的，应当作出有罪判决；对依据法律认定被告人无罪的，应当作出无罪判决；证据不足，不能认定被告人有罪的，应当作出证据不足、指控的犯罪不能成立的无罪判决；定罪的证据确实，但影响量刑的证据存有疑点，处刑时应当留有余地。"我的基本观点是：留有余地判决包括定罪证据不足的留有余地判决和量刑证据不足的留有余地判决两种。其中，"定罪证据不足的留有余地判决"属于对"留有余地"的误读和曲解。

（一）理论解读

第一，"留有余地"判决是量刑证据存疑时的"留有余地"，定罪事实上不得"留有余地"。

第二，"留有余地"的出台是死刑案件最高证明标准的要求。

第三，正确适用法律的留有余地判决是宽严相济刑事司法政策的要求。

（二）实践反思

案例一：佘祥林涉嫌杀妻被法院无罪释放案。

案例二：河北省承德市陈国清、何国强、杨士亮、朱彦强涉嫌抢劫杀人被分别判处死刑缓期二年执行和无期徒刑。媒体以"一个'留有余地'的死刑判决?"为题进行了质疑报道，这显然是在定罪证据存在疑问的情况下，所作的留有余地的判决。

案例三：1995 年，原曲靖地区中级人民法院开庭审理了"陈金昌等 4 人抢劫杀人案"。被告人陈金昌犯抢劫杀人罪，被判处死刑，剥夺政治权利终身，其他三人被判处有期徒刑。1996 年 5 月，云南省高级人民法院的终审判决中，除认定陈金昌尚不属必须立即执行死刑的犯罪分子，原判对陈金昌量刑过重，将死刑改判为死刑，缓期二年执行外，其余 3 人均维持原判。1998 年 2 月 17 日，云南省高级人民法院作出了云高申刑字第 3 号判决。判决最后决定：对陈金昌、温绍国、姚泽坤、温绍荣宣告无罪释放。

案例四：1996 年 6 月发生在安徽省芜湖市的安徽机电学院副教授刘明河故意杀人案中，刘明河的第一次判决是"死刑"，两次发回重审，两次均被芜湖市中级人民法院"留有余地"地判处"无期徒刑"，最后刘明河于 2001 年 4 月被安徽省高级人民法院宣告无罪，这个案件历经五年六审跨越了新千年，也跨越了刑事诉讼法从"疑罪从轻"到"疑罪从无"的过程。

案例五：1998 年 4 月 22 日云南省戒毒所民警杜培武的妻子和另一个民警同时被害，杜培武被警方认为是最大的嫌疑犯，尽管杜培武及其辩护人提出了包括刑讯逼供在内的种种辩护理由，但昆明市中级人民法院仍于 1999 年 2 月 5 日以故意杀人罪，一审判处杜培武死刑，剥夺政治权利终身。1999 年 10 月 20 日，云南省高级人民法院"刀下留人"，以"根据本案的具体情节和辩护人所提其他辩护意见有可采纳之处"为由，终审改判杜培武死刑，缓期二年执行，剥夺政治权利终身。最后真凶出现，杜培武被宣告无罪。

从上述五案案情可看出，上述案例均是定罪证据上不足的留有余地判决。包含了留有余地判处死缓和留有余地判处无期徒刑、有期徒刑两种情形。结合上述五例，现对留有余地判决进行如下分析：

第一，定罪证据存疑而作"留有余地"判决是误读和曲解，违背"疑罪从无"原则的要求。

第二，在定罪证据未达证明标准要求的情况下而定罪并留有余地判决容易出现错案。

第三，定罪上的证据有疑问而留有余地判决违背法律和有关司法解释的规定。

（会务人员根据现场记录整理）

十、司法鉴定意见的审查、质证、认证纲要

余沁洋

【专家简介】 余沁洋，男，物证技术高级工程师，1989年7月开始在西南政法大学刑侦学院讲授《指纹学》、《工具痕迹学》、《物证技术学》、《枪弹痕迹学》、《司法鉴定学》等课程。1995年5月任西南政法大学司法鉴定中心技术室主任。2003年4月任最高人民法院司法鉴定中心文痕处处长。2006年10月起至今为最高人民法院司法辅助工作办公室主任。现为：中国刑事科学技术协会文件检验专业委员会副主任委员、中国合格评定国家认可委员会法庭科学专业委员会副主任委员、中国刑事科学技术协会指纹检验专业委员会副主任委员、北京市物证技术协会副会长、中国法学会比较法学会理事、中国合格评定国家认证认可委员会申诉委员会委员、中国知识产权研究会"知识产权保护专业委员会"本届专家组成员、中国法医学会代理副会长、中国刑事技术标准化委员会副主任委员、中国国家级司法鉴定机构遴选委员会专家组成员。

第一部分 司法鉴定的概念、种类、作用

一、司法鉴定的概念

（一）司法鉴定的概念、特征

司法鉴定是指在诉讼过程中鉴定人运用科学技术或者专门知识对诉讼涉及的专门性问题进行鉴别和判断并提供鉴定意见的活动。它具有以下特征：

1. 司法鉴定的程序需遵守诉讼法的规定
2. 鉴定的对象是案件中的专门性问题
3. 鉴定的主体是具有鉴定资格的自然人
4. 鉴定活动的性质属于以科学技术手段核实证据的诉讼活动
5. 鉴定意见是一种法定的证据

（二）与司法鉴定概念相关的几个概念

在我国的司法实践中由于种种原因，对于具体的司法鉴定活动有不同的称呼。例如刑事技术鉴定、检察技术鉴定、法医技术鉴定、法庭科学鉴定、物证技术鉴定等。

1. 刑事技术鉴定

公安机关和国家安全机关的鉴定部门通常将鉴定称为刑事技术鉴定。

2. 检察技术鉴定

检察技术鉴定是我国检察机关对自己的鉴定部门所进行的鉴定的称呼。检察机关所属鉴定机构出具的鉴定书通常称为检察技术鉴定书。

3. 法医技术鉴定

人民法院的鉴定机构出具的鉴定书经常被称为法医技术鉴定书。

4. 法庭科学鉴定

"法庭科学"一词源于国外，如英语中为"FORENSIC SCI-ENCE"。其所包括的范围与我国的司法鉴定涉及的范围大致相同。由于"SCIENCE"的范围只包括自然科学，与汉语中"科学"一词的含义并不完全相同，有人对法庭科学称呼持有异议。

5. 物证技术鉴定

物证技术鉴定，有时也称物证鉴定，通常指对物质、物品、物体、文书等有形物及其反映形象的鉴定。

二、司法鉴定的种类

（一）按其出现于不同性质的案件分类

具体可分为刑事诉讼中的鉴定、民事诉讼中的鉴定、行政诉讼中的鉴定和非诉案件中的鉴定等。各类案件中的鉴定在技术方法上并无不同，但由于不同诉讼或非诉案件的要求，在由谁决定鉴定等程序问题上有所区别。

1. 刑事诉讼中的司法鉴定

2. 民事诉讼中的司法鉴定

3. 行政诉讼中的司法鉴定

4. 非诉讼活动中的鉴定

（二）按司法鉴定技术的科学基础划分司法鉴定种类

按鉴定学科可分为物证技术学鉴定、法医学鉴定、司法精神病学鉴定、司法会计学鉴定等。

1. 物证技术学鉴定

又可细分为痕迹学、文书鉴定学、司法化学、司法物理学、司法生物学等。

2. 法医学鉴定

法医学鉴定可分为以尸体为主要鉴定对象的法医病理学鉴定；

以活体为主要鉴定对象的法医临床学鉴定；以鉴定人体物质为主要鉴定对象的法医物证学鉴定（如血液、毛发、精液等）；以鉴定人体中毒以及毒物为主要对象的法医毒物学鉴定。

3. 司法精神病学鉴定

司法精神病学鉴定是确定人的精神状态和行为能力的鉴定。

4. 司法会计鉴定

（三）按鉴定意见所确定的事实与案件中的关系分类

可分为认定同一的鉴定、认定种类的鉴定、认定事实真伪的鉴定、确定事实有无的鉴定、确定事实程度的鉴定和确定事实因果的鉴定。

1. 认定同一的鉴定

同一认定鉴定是司法鉴定的一种主要形式，有其系统的鉴定原理、手段和方法。鉴定结果是直接确定与案件有关的具体人或物的同一。同一认定可分为认定人的同一和认定物的同一两类。

认定人的同一，是通过同一认定肯定或否定侦查、审判或非诉活动中所要证实的具体人是否为某一人，如指纹鉴定、DNA 亲子鉴定等。物的同一认定是以案件中需要确定的具体的物体、物品、物质为对象，多用于刑事侦查活动中。通过物的比较检验，证明被认定的物与案件具有某种联系。如证明某物为犯罪工具，或者表明该物曾在出事地点出现过，或者证明该物是在实施某种犯罪行为时遗留的。这种鉴定意见一般只能表明物与案的关系，结合案内的其他证据可以进一步确定该物与人的联系和人与案的联系，从而为案件侦破服务。

2. 认定种类（属）的鉴定

种属认定与同一认定鉴定既有联系又有区别，其鉴定意见只表明检材与样本种类属性相同，或单独确定被认定客体的种属范围，不能肯定认定客体与被认定客体的同一关系。种属鉴定意见既可确定人的种属范围，又可确定物的种类范围，还有涉及动物、植物的种属范围等。种属鉴定的否定意见，可以直接否定某种事实，甚至否定犯罪嫌疑人；肯定意见只能证明案件中某些事实可能存在，不能证明其一定存在；鉴定意见所确定的种属范围越小，其证明作用越大。

3. 认定事实真伪的鉴定

认定事实真伪的鉴定的目的在于确定案件中的某些争议事实的真假问题。肯定的意见可以直接证明被怀疑的某种事实的存在；否定意见则可以直接证明被怀疑的某种事实的不存在。

4. 确定事实有无的鉴定

确定事实有无的鉴定，包括显示事实、恢复事实的鉴定和确定物质中"有什么"、"没什么"的鉴定两种类型。鉴定意见一般能提示鉴定所确定的事实存在或不存在，但却不能直接肯定或否定某种事实，还需要通过准确的定量分析，才可能为确定事实存在与否提供科学依据。

5. 确定事实程度的鉴定

通过鉴定确定案件中需要查明事实的危害程度或行为人责任能力、行为能力的大小等，是司法鉴定中一种常见的鉴定类型。这类鉴定意见有严格的法定标准，意见的证明作用也不能超过法定的范围。

6. 确定事实因果的鉴定

确定事实因果的司法鉴定是鉴定人利用专门知识和检验手段，对案件中某种事实造成的结果或对引起某种事实发生的原因进行分析和评断，它也是鉴定意见的一种常见类型。鉴定意见只证明案件中某种事实产生的原因，至于其他问题需要通过侦查、调查确定。

（四）按鉴定所依据的特征分类

可划分为根据客体外表形态、动作习惯、物质成分和物质现象得出的鉴定。

（五）按鉴定程序分类

按鉴定程序的要求，初次鉴定后进行的鉴定可分为复核鉴定、补充鉴定、重新鉴定、会商鉴定等。

1. 复核鉴定

复核鉴定是鉴定机构为保证鉴定意见的准确而执行的内部办案程序，分同级内部的复核和分级的复核。

2. 补充鉴定

补充鉴定是在原鉴定的基础上对其中的个别问题进行修订和补充而进行的鉴定。

3. 重新鉴定

重新鉴定是委托机关对初次鉴定或补充鉴定意见进行审查后，对其是否可采信存有疑虑，委托原鉴定人以外的鉴定人再次进行鉴定。

4. 会商鉴定

会商鉴定亦称共同鉴定、联合鉴定。

（六）根据鉴定的客体分类

可分为人的鉴定、物的鉴定和情况的鉴定。

人的鉴定指鉴定意见认定的是具体的人或具有相同特征的人。

物的鉴定意见确定的是具体的物或同种类的物，即通过鉴定确定受审查客体是否是要寻找的物体。

情况的鉴定也可以称为事实的鉴定。

（七）根据鉴定对象的特点和性质分类

鉴定对象是鉴定客体的物质表现。鉴定中所说的各类专门性问题即是鉴定对象。鉴定的对象极其广泛，很难概括无遗，但可以大致分为：人体表面皮肤的花纹结构、人体运动习惯、人体外貌、尸体、活体、人体物质、人的精神状态、心理状态、生物体、物体表面形态结构、物品、物质、文书、会计资料、音像资料、事件发生的情况等。

三、司法鉴定的作用

（一）为侦查提供线索

（二）为审判提供证据

（三）为审查、核实其他证据提供依据

四、司法鉴定体制改革的情况

2005 年 10 月 1 日，全国人大常委会《关于司法鉴定管理有关问题的决定》正式实施，出现一系列的问题。

（一）出现的问题十分严重

1. 鉴定资源匮乏，委托鉴定困难，法院案件积压

目前各地按照《决定》要求经司法行政部门审批的法医、物证、声像资料三类社会鉴定机构的情况不平衡，普遍存在分布不均的问题，导致贫困、偏远地区委托鉴定困难。各地普遍反映在三类鉴定社会化后，委托鉴定遇到的主要问题：一是鉴定资源匮乏，委托鉴定难，有的地区出现独家垄断的情况；二是社会鉴定机构挑捡案子，普遍出现视案件难易程度和背景情况或者争抢或者推诿的问题；三是鉴定收费混乱，异地委托鉴定增加了法院的成本；四是材料移交困难，鉴定周期长；五是鉴定活动市场化，鉴定质量难以保障；六是鉴定人不出庭的情况没有改善。

2. 审批鉴定机构、人员把关不严，鉴定市场混乱

许多地方司法行政部门在审批鉴定机构和鉴定人资格时没有严格把握《决定》规定的条件，导致很多鉴定机构、人员根本不具备申报项目的资质；

有的地区司法行政部门任意扩大管理范围，将不属于《决定》规范的法医等三类鉴定以外的、法律法规另有规定的司法会计、工

程造价、评估、拍卖等十几个鉴定项目实行登记管理，一些没有行业资质的机构经登记就可以开展鉴定，而已经取得相关行业资质的机构不去登记反而不能进行鉴定，与我国现行的行业法律法规造成直接的冲突。

3. 鉴定收费直线升高，诉讼成本激增，贫困者因交不起鉴定费打不起官司

各地普遍反映司法鉴定社会化后，由于没有对鉴定收费实行规范管理，鉴定费用动辄数千元，大大高于原公、检、法机关的收费标准。

法院委托鉴定往往因顾虑案卷材料丢失问题需要法官亲自送检，异地鉴定时还需增加差旅费的开销，尤其是有些文件检验多数地区只能出省送到沈阳、北京、重庆鉴定，许多法院原本已是捉襟见肘的经费确实难以为继。

4. 鉴定质量受到质疑，审判公正与效率无法保证

5. 重复鉴定问题突出，鉴定人不出庭，当事人上访、缠诉增多

（二）中共中央政法委员会出台 2008 年 2 号文件进行弥补

1. 贯彻落实《决定》和中共中央政法委 2 号文件精神，针对司法鉴定混乱的原因，从多方面入手加强司法鉴定规范管理

司法行政部门应该严格按照《决定》规定的范围和条件要求实行司法鉴定登记管理，并与其他相关法律法规保持协调一致。司法行政部门不能在"两高"没同意的情况下，对三类外鉴定进行登记管理，特别是三类鉴定都没有管理好的情况下。

严格加强对法医、物证和声像资料类司法鉴定的执业管理规范。尽快出台司法鉴定收费管理办法，实行政府指导价或政府定价；尽快制订实行统一的专业技术鉴定标准，特别是引发问题最多的人身伤害类的鉴定标准；由最高人民法院协调中央政法各部门，针对社会司法鉴定存在的突出问题，建立统一的司法鉴定程序规定，保证鉴定活动依法有序；加强司法行政部门和人民法院对鉴定

活动的监管措施，明确划分人民法院和司法行政部门的监督管理权力，尽快建立起司法鉴定登记管理与委托使用管理的衔接机制。特别要确保人民法院实行对外委托择优选择权，和对鉴定机构和鉴定人在具体鉴定活动中的监督权；人民法院加强对鉴定意见的技术审查力度，严格控制重新鉴定次数等。

2. 规范司法鉴定秩序，充分发挥公安机关、检察机关、国家安全机关鉴定机构的作用，充分发挥人民法院司法技术力量的作用

要充分发挥公安、检察、国家安全机关鉴定机构的作用，开展非营利性的司法鉴定服务。充分发挥司法技术工作在人民法院审判和执行中的作用，除继续承担对外委托鉴定、技术咨询外，还应帮助法官审查当事人的重新鉴定申请，控制鉴定次数，帮助法官驾驭鉴定人出庭的庭审，为法官取舍鉴定意见出具技术审核意见。尽快出台《人民法院司法技术工作管理规定》司法解释，解决司法技术工作的法律地位问题。

3. 人民法院要加强司法技术队伍建设，建立技术法官队伍

为充分发挥技术服务保障作用，建议明确规定对死刑复核案件中作为判案依据的司法鉴定意见进行技术审核为必经程序。同时，像人民警察序列中有技术警察序列一样，尽快研究在法官序列中增加技术法官序列，将既懂司法技术，又懂法律的司法技术人员认定为技术法官，解决司法技术人员的身份问题，明确其法律地位，承担相应的法律责任。

最高人民法院政治部正按照中央的要求，会同组织、编制、人事、财政等部门制定人民法院司法技术机构进行机构和职能调整的具体办法，统一机构设置及称谓。建议中央政法委能帮助中央政法各部门，协调中编办、中组部、人事部、财政部，解决最高人民法院、最高人民检察院、司法部等中央政法各部门司法技术管理部门和司法鉴定管理部门的机构设置问题。

4. 要充分保证国家级、省级司法鉴定机构的权威作用，必须脱离市场，经费由国家和地方财政保障，不收鉴定费或少收鉴定费

5. 社会鉴定机构不宜参与刑事案件的司法鉴定

在当前社会鉴定机构管理十分混乱，鉴定质量没有保证的情况下，社会鉴定机构不宜参与刑事案件的司法鉴定。

6. 对国家级司法鉴定机构的遴选，要细到专业层级

鉴定机构像医院一样，都是在某一个或多个专业领域在业界领先，不可能在所有的专业领域都领先。一个国家级司法鉴定机构，是指它的某些鉴定专业是国家级，不是指它在所有专业上都国家级、都权威。因此，必须对遴选出来的国家级权威鉴定机构，注明哪些专业是国家级的，以免出现新的混乱。

7. 人民法院必须在司法行政部门《国家司法鉴定人和司法鉴定机构名册》的基础上建立自己的《司法技术鉴定机构和鉴定人名册》

原因：一是目前社会鉴定机构管理十分混乱，鉴定机构和鉴定人的素质普遍不高，大量进入司法行政部门《国家司法鉴定人和司法鉴定机构名册》的鉴定机构和鉴定人没有实际鉴定能力，人民法院在对外委托鉴定时，不能照抄照搬；二是司法行政部门《国家司法鉴定人和司法鉴定机构名册》中鉴定机构和鉴定人的资质审批没到专业层级，对外委托鉴定，随机选择无法使用；三是大量的三类外鉴定，也不能将行业主管和行业协会批准资质的鉴定机构和鉴定人都作为对外委托随机选择的对象，必须择优后，才能确保对外委托的质量；四是司法行政部门《国家司法鉴定人和司法鉴定机构名册》与人民法院审判工作实际需求总有差距，总会有部分鉴定门类没有纳入《国家司法鉴定人和司法鉴定机构名册》，人民法院对外委托部门必须根据审判工作需要随时寻找补充。

8. 司法部应当按照《决定》和中央政法委 2 号文件的精神，对司法鉴定科学技术研究所司法鉴定中心进行机构和职能的转换，停止鉴定职能

《决定》第 7 条第 2 款规定，从 2005 年 10 月 1 日起，"人民法院和司法行政部门不得设立鉴定机构"。全国各级人民法院的司法

鉴定机构，已按照《规定》的要求，撤销了鉴定机构，停止了一切鉴定活动。但是，原"司法部司法鉴定科学技术研究所"，仍以"司法鉴定科学技术研究所司法鉴定中心"的名义在从事司法鉴定业务。在这次调研中，公安、检察、法院、安全部门以及社会鉴定机构和律师事务所的代表一致认为：《决定》实施已近3年，司法部所属的鉴定机构，不但没有被撤销，而且还在接受委托从事司法鉴定业务，收取大量鉴定费。司法部这种为了部门利益，知法违法、公然蔑视法律的行为，在社会上造成极其恶劣的影响，严重损害了政法机关的形象和法律的尊严。

第二部分　对司法鉴定意见的审查

一、司法鉴定意见无预定证明力，必须审查

证据的证明力实质是指证据在证明案件事实时证明作用的大小，即证据本身可能证明问题的范围与程度。我国三大诉讼法都明确规定，鉴定意见属于证据的一种，但并未赋予鉴定意见特殊地位，鉴定意见同样需要进行程序和实体两个方面的审查，查证属实方能作为证据使用。因此，鉴定意见跟其他证据一样，在未经审查属实之前无预定证明力。

二、司法鉴定意见审查的主体

审查司法鉴定书证的主体有：刑事案件中的侦查人员、公诉人员、自诉案件的原告及代理人、辩护人、技术顾问、审判人员；民事和行政案件中的当事人、第三人、代理人及司法技术人员、技术顾问、审判人员、享有民行审判监督权的检察机关的检查人员，等等。

三、司法技术人员和技术顾问审查司法鉴定意见

（一）司法技术人员、技术顾问

司法技术人员是人民法院长期从事司法鉴定工作的技术专家，《决定》出台后，人民法院不再承担司法鉴定职能，司法鉴定机构进行机构和职能的转换，主要从事对已有的鉴定进行技术咨询、技术审核工作，中央政法委和最高人民法院先后多次发文进行明确和规范。

技术顾问审查司法鉴定意见，就是接受聘请的具有专门知识的人员就有关鉴定意见证据所进行的技术审查。技术顾问的产生有两种情况。一是国家司法机关为了解决案件中的有关技术性问题，聘请一定数量的在一定领域内具备较高专业知识的专家或鉴定人作为本部门的技术顾问。这种技术顾问是长期的，一般比较固定，人员素质较高，能够为司法机关在办案过程中提供技术服务。二是在个案诉讼过程中，当事人向人民法院申请并经人民法院批准后聘请的就案件的专门性问题出庭进行说明并质证的具备专业知识的人员。这种技术顾问是暂时性的，人员也不确定，一般是依据当事人的聘请参与诉讼，质证完毕后与当事人之间的聘请关系随之解除。

（二）对司法鉴定的书证审查

司法鉴定的书证审查，实质是对司法鉴定所作出的法律文书——鉴定书的一种程序审查，是鉴定意见审查主体在运用鉴定意见以前，从书证的价值、书证应具备的条件等方面审查鉴定意见是否能够采信的程序。

（三）司法技术人员或技术顾问审查司法鉴定意见

1. 司法技术人员审查鉴定意见
2. 技术顾问审查司法鉴定意见

（四）审判人员审查司法鉴定意见

审判人员审查司法鉴定意见，是指审判人员在庭审过程中，依据科学和法律、法规，对案件中所涉及的鉴定意见证据所进行的审查与评断，以确定鉴定意见证据是否合法、客观以及证明力的有无及大小，是审查证据的法定的、最权威的、最后的主体。主要有两种形式：

1. 自力审查

自力审查又称主动审查，主要是指审判人员应该根据案件的具体情况，结合有关法律法规的具体规定，从程序和实质两个方面主动进行审查。

2. 他力审查

他力审查又称被动审查，主要是指借助他人进行综合方法全面审查。主要通过委托司法技术人员、外请权威专家技术审核论证，以及庭审过程中的质证等程序来完成。

四、司法鉴定意见的合法性审查

（一）审查司法鉴定程序的合法性

司法鉴定活动受一定的程序规则的制约。如果在进行司法鉴定活动过程中违反了程序法的相关规定，不管其意见是否客观、科学，按照证据规则的规定都不能作为定案的依据。审查司法鉴定程序的合法性，就是从程序方面审查整个司法鉴定活动是否严格按照有关司法鉴定的法律、法规进行的。

审查司法鉴定程序合法性的主体是负有证据审查义务的人员。审查司法鉴定程序合法性的方法，主要依据有关鉴定的法律、法规的具体规定，从鉴定的全过程进行审查。

（二）审查司法鉴定主体的合法性

司法鉴定的主体，一是启动司法鉴定的主体，二是受理并开展司法鉴定的主体。

按照我国现行诉讼法的规定，刑事案件决定并启动司法鉴定的主体为侦查机关、检察机关和人民法院，当事人只有申请鉴定的权利。

审查司法鉴定主体的合法性，主要审查的是受理鉴定和从事鉴定具体工作的主体的合法性，具体地讲，是指受理鉴定的鉴定机构和鉴定人。

（三）审查鉴定资料来源的合法性

无论鉴定中所采用的是何种类型的资料，在收集过程中，为了保证其真实性，必须按照法定程序收取。审查鉴定资料来源是否合法，主要从以下几个方面入手。

对于刑事案件中侦查人员、检察人员、审判人员在办案时收集的鉴定资料，无论是勘验还是搜查过程中，都应该审查是否有勘验或搜查笔录，是否详细记载了勘查或搜查人员的身份以及身份是否合法，各类痕迹、文书、物质、物品在现场的位置、形态、数量、大小、相互间的关系，以及鉴定资料的显现、提取和保全的方式、方法在笔录中是否有详细记载；提取重要物品的，是否出具了《提取扣押清单》；笔录和清单上是否有事主或被扣押物品的所有人或保管人、办案人员、见证人的亲笔签名。收集样本资料时是否公开收集，是否经过了嫌疑人的同意和证实。有无刑讯逼供或威胁、引诱、欺骗以及其他非法方法收集鉴定资料的事实存在。如果鉴定资料是复印件，有无证实其真实性的相应证明材料。

（四）审查鉴定委托和受理程序的合法性

对委托鉴定过程中程序合法性的审查，主要从以下几个方面进行：（1）委托主体在委托时，是否向鉴定机构出具了书面的《司法鉴定委托书》；委托书的内容和形式是否符合法律文书的要求。（2）文书所记载的鉴定资料的数量和条件、鉴定要求与鉴定书所反映出来的实际送检资料和鉴定要求是否相符。（3）送检人是否委托机关的实际办案人员，有无身份证明文件。（4）送检人有无暗示或者强迫鉴定人作出某一具体鉴定意见的行为。（5）重新鉴定的委托是否具备上述手续和资料，是否附送了原鉴定书。

对于受理过程中程序合法性的审查，又主要从以下几个方面进行：（1）鉴定机构在受理鉴定前，是否对委托资料及委托事项经过了认真的审核。（2）鉴定机构与委托主体之间是否签订了《司法鉴定委托受理合同》或者《受理司法鉴定登记表》；鉴定资料的转移是否出具有《司法鉴定委托材料受领单》；手续填写是否完整；送检人和受理人的签名是否具备。（3）对于法医活体检验、司法精神病鉴定，或者其他鉴定需要鉴定人亲自收取被鉴定人的样本材料的鉴定，是否认真核实了被鉴定人的身份。（4）经过鉴定机构审查需要变更鉴定要求的，受理合同或登记表上是否已经注明，等等。

（五）审查鉴定意见的法定标准

鉴定意见的法定标准，是指以法律的形式明确规定的鉴定过程中不同鉴定对象的鉴定意见所必须达到的认定依据的数量和质量标准，以及鉴定必须采用的科学方法标准。

不同的鉴定对象和鉴定要求，在鉴定过程中依据的特征数量和质量的要求不一样，所采取的鉴定方法也不相同。在审查鉴定意见是否达到法定标准时，主要依据现有的规定部分鉴定对象的鉴定标准的部门法规。针对鉴定意见对应比较，确定其是否符合规定的最低要求。

（六）审查鉴定文书的合法性

我国现行诉讼法明确规定，鉴定机构和鉴定人在对所受理的专门性问题进行鉴定之后，应当写出鉴定意见或提供书面鉴定意见，其实就是指鉴定书。鉴定书的制作也必须严格遵守相关法律、法规的规定，按照"合法性、规范性、科学性"的基本要求，从过程到鉴定具体方法和要求全面反映鉴定活动。因此，鉴定书是审查鉴定意见时应该重点审查的方面。

　　审查鉴定书的合法性，应主要从以下方面进行：（1）鉴定书是否载明受理日期、委托人、委托事由、鉴定要求、鉴定材料情况、检验或检查的过程、鉴定意见或者咨询意见、鉴定人及其职称，有无内容错误；2. 鉴定书的封面是否为正式的印刷品，鉴定书的文字部分是否打印或油印品，鉴定书的图片部分是否清晰、完整，有无文字说明；（3）鉴定书有无表述错误；（4）鉴定书语言文字是否规范、流畅；（5）鉴定书上有无鉴定人的签名或加盖的名章，是否加盖了鉴定专用章和骑缝章。

五、司法鉴定意见的客观性审查

（一）鉴定资料真实性的审查

　　对于检材真实性的审查，主要从以下几方面进行：（1）审查勘验笔录、搜查笔录所记载的检材的位置和当时的状况与实际情况是否相符；检材的发现、显现、提取、固定和保全的具体方法是否科学、可行。（2）审查检材提取的部位是否准确。（3）检材在储存、运送和保管过程中是否遭遇损坏或污染。（4）检材有无变形、缺损或伪装。

　　审查样本的真实性，主要审查样本来源是否真实：（1）审查样本资料是否实际出自某人或某物；（2）是否夹杂有来源于其他人或物体的材料；（3）样本材料的收集、保全方法是否恰当；（4）运送和保管过程中有无损毁、缺失，等等。

　　审查样品比对资料，主要审查样品资料是否来自于可疑产品同批号的同一生产厂家；其包装、运送方法是否恰当。某些样品还必须是标准比较样品。

　　对鉴定资料真实性的审查，可以采用庭外调查、庭审质证、专家咨询、专家出庭等方法进行。

（二）鉴定方法科学性、先进性的审查

鉴定方法是鉴定过程中鉴定人为解决案件中的专门性问题而采用的专业手段。鉴定意见之所以科学、可靠，就是因为鉴定人掌握有某一方面的先进、科学的鉴定技术，并且能够用这些技术对案件内的专门性问题进行检验而得出相应鉴定意见，揭示某些专门性问题与案件的联系。鉴定方法的先进性是指鉴定过程中所采用的具体鉴定手段、仪器和设备在同行业中的先进性程度。

同一个专门性问题，可以采取多种鉴定方法进行鉴定。但不同鉴定方法的科学性和先进性不同，所得出的鉴定意见可能存在差异，如各种理化检验方法中所使用的设备不同，其检测范围和灵敏度不同，所得出的鉴定意见可能有所不同。因此，鉴定过程中，首先应该采用最科学、最先进、最常用的鉴定方法。两种以上的鉴定方法组成一组系统鉴定方法，使每次鉴定所获得的鉴定意见之间能够得到相互验证。两种以上鉴定方法所获得的一致的鉴定意见才是最科学、最客观的鉴定意见。不同的鉴定对象、不同的鉴定要求，鉴定过程中所采用的鉴定方法也不相同。哪些方法是首先而且必须应该采用的方法，哪些方法是可以采用的方法，应该有相应的法律法规加以明确规定。

但是，目前我国尚无明确的法律规定。因此只能依据实际鉴定行业的通行办法进行。对鉴定方法科学性和先进性的审查，具体是：（1）参考目前各实际鉴定行业的通行标准，分析鉴定过程中所使用的仪器设备是否能够解决该专门性问题，其理论基础和灵敏度在目前是否具备先进性；（2）鉴定方法是否同行业所共同认可和采用的方法；（3）是否严格按照具体检验方法所规定的步骤和方法进行；（4）该具体鉴定方法所获得的鉴定意见能否用其他鉴定方法得到验证并取得同样的鉴定意见；（5）对于一般性鉴定方法或鉴定行业有争议的鉴定方法，是否采用了两种以上鉴定方法并获得了同样的鉴定意见。

审查鉴定方法的科学性和先进性，还可以利用技术咨询、技术审核，外请权威专家、开庭质证等方法。

（三）鉴定标准规范性审查

鉴定标准规范包括：鉴定对象的规范、鉴定对象条件的规范、鉴定方法的规范、鉴定意见依据的规范、鉴定意见的规范等。目前我国的法律法规却对这些方面的标准和规范未作系统规定，只是对个别鉴定项目的鉴定制定了鉴定标准，如：《最高人民法院、最高人民检察院、公安部、司法部、卫生部精神疾病司法鉴定暂行规定》、《司法部、最高人民法院、最高人民检察院、公安部人体重伤鉴定标准》、《最高人民法院、最高人民检察院、公安部、司法部人体轻伤鉴定标准（试行）》、《道路交通事故受伤人员伤残评定》、《职工工伤与职业病致残程度鉴定》、《人体轻微伤的鉴定标准》，等等。这些标准是法医学鉴定过程中所必须依照的鉴定意见依据。但其面较窄，不是所有鉴定都必须遵循的标准规范。其他方面的鉴定标准有待于有关部门以后用法律法规形式加以规范。

对于已有鉴定标准的鉴定，如：精神疾病鉴定、人身损伤程度鉴定、人身伤残等级鉴定等，鉴定过程中鉴定人必须依据法定标准出具鉴定意见。审查鉴定意见时，必须审查其是否符合法定标准。

（四）鉴定意见科学依据的审查

鉴定意见的科学依据是鉴定意见客观、科学、可信的体现，科学的鉴定意见必然有充分的科学依据，只有依据充分的鉴定意见才具有科学性。鉴定意见的科学依据主要包括：（1）鉴定的科学原理；（2）客体及其反映形象的特性与特征的具体情况。

科学原理应当：（1）为社会所公认，并且有科学的理论基础作保证，它是社会科学、自然科学和技术科学的理论在鉴定理论领域内的具体运用；（2）这种理论通过了实践证实并已完善。凡未经公认或法律认可，以及未经实践证实的鉴定原理和方法，均不能运用于具体的鉴定案件中。即使采用并作出了相应的鉴定意见，其鉴定意见的科学性也值得怀疑，不能运用于证实案件事实。

客体的特性是指客体所具有的区别于其他客体的特殊内在本质，必须通过其外部表现形式——特征表现出来。客体特征的表现程度决定了人们对其认识的程度，其表现的程度又往往受客体和客体反映形象的数量、质量的制约。客体及其反映形象的数量和质量条件越好，其特征越多，对客体本质属性的反映也就完全，鉴定过程中的依据就越充分。应详细审查被鉴定客体或者其反映形象的特征是否充分反映了客体的本质属性，特别是鉴定人在具体鉴定过程中所发现和确定的特征。有无特征认识不全面，特征的质和量达不到规定的要求，不能说明客体的特殊内在本质，甚至对特征认识错误的情形。是否只寻找和确定了检材和样本之间的相符合特征而忽略了两者之间的差异性特征，或者只确定了他们之间的差异性特征而忽略了符合性特征。对于符合性特征和差异性特征的性质，有无充分的依据加以说明。

具体审查方法，可以结合鉴定书文字部分和图片部分所反映的鉴定原理和鉴定特征依据进行自力审查，也可以采用技术咨询、技术审核等方式进行。

（五）鉴定主体能力与条件的审查

鉴定人所具备的鉴定科学知识、鉴定实践经验、检验设备的实际条件等，往往直接决定鉴定意见是否客观、科学，在鉴定中起着举足轻重的作用。鉴定领域内鉴定人的理论水平和实际能力参差不齐。因此对同一个专门性问题的认识也不相同。理论水平较低、实践能力较差的鉴定人，具备解决本专业内的较简单的鉴定问题的能力，但对于较为疑难的问题，往往需要理论水平较高、实践能力较强的鉴定人才能胜任。鉴定人理论水平的高低可以由他的技术职称体现，其实践能力的强弱主要反映在他的鉴定经历、鉴定案件的数量及在同行业的影响和威望。许多鉴定项目，单单依靠鉴定人的理论水平和实践能力是无法完成的，还必须借助一定的检验手段和设备。检验设备的工作性能和灵敏度、试剂的精确度和是否有效、长度和体积测量工具的精确度、温度和湿度的控制条件、时间控制条件等，往往对理化检验的结果影响较大。

审查鉴定主体的能力和条件：（1）主要应该结合案件内的专门性问题，分析鉴定问题的难度以及鉴定应该采用的具体方法和手段；（2）审查鉴定人的理论知识和实践经验能否解决某一具体鉴定问题；（3）鉴定人所采用或借助的检验手段和方法是否科学；（4）鉴定人所使用的检验设备能否满足鉴定的实际需要。还应该审查鉴定人的思想品德和工作作风，是否尊重科学，是否细致、严谨，有无主观弄虚作假的可能。

对于复核鉴定主体的审查，除了上述几方面以外，还应该审查鉴定人的专业技术职务是否低于原鉴定人。对人身伤害的医学鉴定的重新鉴定，要审查其鉴定机构是否省级人民政府指定的医院。

审查鉴定主体的能力和条件，可以采用实地调查、资料核实、司法技术人员审核、专家出庭等方式进行。

六、司法鉴定意见证明力评断

（一）司法鉴定意见的证明力

鉴定意见的证明力是指案件内的鉴定意见证据与案件的联系程度以及在案件中所起作用的大小，即鉴定意见证据在案件内本身可能证明哪些方面的问题，证明的程度如何。我国目前尚无具体的法规对各类鉴定意见证据的证明力加以界定，实践中一般采用约定俗成的办法解决。

一般情况下，我们认为：（1）能够证明案件的主要事实的鉴定意见，其证明力大于其他证据；（2）对人的鉴定意见的证明力大于对物的鉴定意见；（3）同一认定鉴定意见的证明力大于种属认定鉴定意见；（4）认定事实真伪、有无、因果、程度的鉴定意见的证明力都较大。

（二）认定"人的同一"意见证明力的评断

收集、核实证据的目的，是为了证实案件事实。案件事实，是指人和人的行为、行为所借助的工具、行为所造成的后果。其核心是人和人的行为，只要确定了案件中涉及的人和行为，案件也就基本上得到了解决。所以证实案件具体行为人的证据是案件的核心证据，认定"人的同一"的鉴定意见就是这种证据。

目前，我国鉴定科学能够解决，且被法律法规所认可的确认"人的同一"意见主要有七种：指纹同一认定意见、赤脚纹同一认定意见、书写习惯同一认定意见、语音习惯同一认定意见、人体相貌同一认定意见、牙印同一认定意见、DNA 鉴定意见。在评断上述认定"人的同一"鉴定意见的证明力时，应该结合案件内的其他证据，以及供认定客体与案件的关系确定。

证明案件性质和主要事实的以及特定人员的痕迹、文书和人体物质鉴定后所得出的同一认定意见的证明力大。这些痕迹、文书和人体物质往往是犯罪人直接留下的，与侵害对象和实施犯罪过程存在必然联系。例如：刑事案件中用作犯罪手段的文书如侮辱诽谤信件，被害人颈部扼压部位所留下的立体指印，同一认定意见被认定人就是犯罪人。但有些痕迹、文书和人体物质与案件的联系是松散的，单凭鉴定意见无法确定，其证明力应该结合案内其他证据加以说明。

（三）认定"物的同一"意见证明力评断

对"物的同一"认定意见就是揭示物与案件的具体关系，进而揭示物的所有人或持有人与案件的关系。"物的同一"认定意见主要有：鞋印、工具痕迹、枪弹痕迹、印刷文书、印文、整体分离痕迹等的同一认定。

评断"物的同一"意见的证明力，应从物与物的关系、物与案件的关系、物与所有人或持有人的关系几个方面进行系统分析。被认定同一的物，如果与犯罪行为及其后果，或者与犯罪过程中的某一环节存在必然的联系，其证明力就较大。如果它们之间的联系是或然的，则证明力较小。

至于被认定的物与物的所有人或持有人的关系，则需要与案内其他证据一起加以证实。因为借助某一具体的物实施犯罪行为，不一定是物主本人，也可能被借用或盗用，因此确定被认定的物与物的所有人或持有人的关系，必须综合分析。

（四）种属鉴定意见证明力评断

种属鉴定，即通过鉴定确定物质的种属特性。其任务是确定某种物质是何种物质，或者两种或两种以上物质是否同种物质。鉴定的意见有肯定和否定两种形式。

种属认定的否定意见往往能够直接排除受审查人或受审查物与案件的关系，其证明力较大。种属认定的肯定意见，只能说明受审查人或受审查物与被寻找客体之间的种属特性相同，受审查人或受审查物可能就是被寻找人或被寻找物，但不能肯定，究竟是或不是，还需要其他证据加以证明。由于人或物的种属有许多层次，层次越高，所包含的对象就越少。因此，相对而言，层次高的种属认定肯定意见的证明力高于层次低的种属认定肯定意见。

（五）确定事实真伪意见证明力评断

确定事实真伪的鉴定，是对与案件有关的某些事实的真伪通过鉴定所作出的科学判断，通常指文书的真伪。这些文书反映了案件中行为人的活动和结果，在案件中本身就是非常重要的证据，只不过这些文书在诉讼过程中被怀疑或者有争议，因此需要鉴定加以证实。

确定事实真伪的鉴定，只要鉴定意见客观、真实，不管其意见是肯定的还是否定的，都具备较大的证明力，即与案件相关的文书，经过鉴定后所取得的肯定或否定意见都能直接证实案件事实、行为人与案件的关系。

第三部分　对司法鉴定意见的质证

一、司法鉴定意见质证的主体与客体

（一）司法鉴定意见质证

司法鉴定意见质证，是指在庭审过程中，由诉讼当事人就法庭上出示的鉴定意见进行的对质、核实，以确定司法鉴定意见的证据能力和证明力的活动。我国法律规定，未经质证的鉴定意见不能作为证据使用。

我国的相关法律从质证的主体、客体、目的等方面对司法鉴定意见的质证活动进行了规定，但与国外的相关规定相比，对质证制度的规定过于原则，对质证有关的程序、方式、规则以及质证权的行使、救济、质证在程序上的效力等均未作出规定。

司法鉴定意见质证活动是为行使司法鉴定意见认证活动服务的，是司法鉴定意见具有可采信的必要条件。

（二）司法鉴定意见质证的目的

1. 司法鉴定意见的质证是实现证据诉讼功能的必然要求

在诉讼中的当事人，或是基于利害关系的驱使，或是基于诉讼职能和立法上的要求，对法庭上提交的鉴定意见都享有发表意见、作出表态、予以质疑的权利。这些权利的本质是对其不利的证据依据法律和事实而享有的异议权，其目的在于实现证据的诉讼功能，影响或动摇法官对其证明力的认定和采信。

2. 对鉴定意见进行质证是当事人为实现胜诉目的的诉讼权利

允许对证据进行质证是为了保障审判的公正，使法官不能根据自己的好恶或从某种利益观念出发来对是非问题加以判断，而是以客观的标准和准则来评断特定的问题。由于司法鉴定解决的是案件中的专门性问题，鉴定意见的科学性依赖于各种主客观因素的综合

作用，因此，只有对司法鉴定意见进行严格的质证，才能发现其中存在的问题，才能保证作为证据使用的鉴定意见的科学性。

3. 对鉴定意见进行质证是法院审查、认定其证据效力的法定方式

质证作为当事人或其他诉讼主体举证与法院认证中的关键环节，已为立法和有关的司法解释所确定。只有充分发挥庭审的质证功能，才能够维护双方当事人的合法权益，发现鉴定意见中存在的问题，确保鉴定意见的科学性，从而依法公正地认定案件事实，作出正确的判断。

（三）司法鉴定意见质证的主体

质证的主体是案件中的诉讼争议的双方当事人及其代理人或辩护人。由于在我国现行的刑事诉讼制度下，双方当事人的诉讼地位趋于平等，这也是控辩双方在庭审上的质证得以实现的保障。

司法鉴定意见作为一种法定的证据种类，对它的质证自然也遵守对证据质证活动的一般规定。我国刑事诉讼法规定，公诉人、当事人和辩护人、诉讼代理人经审判长许可，可以向证人、鉴定人发问。这规定一改以往公诉人与法官具有同等地位的情况，使公诉人在诉讼地位上与当事人趋于平等，使得当事人的诉讼地位得到了提高，与公诉人一样成为质证活动的主体，也使法官能够居中裁判，鉴定意见的质证活动落到了实处。

（四）司法鉴定意见质证的客体

司法鉴定意见质证指向的对象，就是质证的客体。就是将要作为证据使用的司法鉴定意见所包含的内容：（1）鉴定意见的真实性、关联性、合法性；（2）鉴定意见的证明力有无以及证明力大小。

对司法鉴定意见的科学性审查是审查鉴定意见的真实性、关联性、合法性的前提。科学性审查要从科学原理、依据、程序和手段方法等实质要素和司法鉴定书等形式要素入手。

鉴定人的职业资格、从业经验、技术职务条件等情况也对司法鉴定意见的科学性有一定的影响。

对于涉及国家秘密、商业秘密和个人隐私或者法律规定的其他应当保密的证据，不得在开庭时公开质证。

（五）司法鉴定意见质证的规则

在《最高人民法院关于执行〈中华人民共和国刑事诉讼法〉若干问题的解释》中，有条件地确立了交叉询问规则。该解释规定：向鉴定人发问，应当先由要求传唤的一方进行；发问完毕后，对方经审判长准许，也可以发问。同时，规定了具体的实施规则，主要体现在以下几个方面：（1）询问的内容应当与案件中具体的司法鉴定工作有关；（2）不得以诱导方式进行提问；（3）不得威胁鉴定人；（4）不得损害司法鉴定人的人格尊严。司法鉴定质证规则的执行者主要是人民法院，相关的法律和司法解释规定：审判长对于向司法鉴定人发问的内容与本案无关或者发问的方式不当的，应当制止。对于控辩双方认为对方发问的内容与本案无关或者发问的方式不当提出异议的，审判长应当判明情况予以支持或者驳回。

（六）司法鉴定意见质证的程序方法

在《最高人民法院关于执行〈中华人民共和国刑事诉讼法〉若干问题的解释》中，规定："向鉴定人发问，应当先由要求传唤的一方进行；发问完毕后，对方经审判长准许，也可以发问。"可见，该解释主张，对司法鉴定意见的质证是应双方当事人的要求而提起的，谁先要求，谁就可以对司法鉴定人进行提问；提问完毕后，对方当事人也可以接着进行提问，但要经审判长批准。

该解释还规定，审判人员在认为必要时，可以对司法鉴定人提问，对司法鉴定人的提问应当与对证人的提问分别进行，司法鉴定人经过控辩双方发问或审判人员的询问后，审判长应当告其退庭。司法鉴定人不得旁听对本案的审理。

（七）司法鉴定意见质证的结果

司法鉴定意见质证活动的结果主要包括以下几个方面：

1. 司法鉴定意见的内容层面

经过质证活动，如果发现司法鉴定人不具备鉴定资格，司法鉴定意见依据、程序方法、鉴定过程等内容方面不科学、不合法，就会影响到司法鉴定意见的科学内容和属性，使之未能达到证据的客观真实性和关联性标准，从而丧失了自身的证据功能，不能作为证据使用。为了继续解决特定的专门性问题，可以进行重新鉴定或者共同鉴定。

2. 司法鉴定意见的形式层面

经过质证活动，如果发现鉴定书表述不规范、逻辑层次不清晰等形式要素不符合标准，欠缺了司法鉴定意见合法性的形式要件。在这种情况下，鉴定意见的证据功能存在欠缺，此种形式的鉴定意见不能直接作为证据使用，有待进一步完善。对于有缺陷的鉴定意见，可以通过补充鉴定、重新质证或者补充质证等方法解决的，不予以重新鉴定。

法庭应当将当事人的质证情况记入笔录，并由当事人核对后签名或盖章。如果鉴定意见经质证后，具备了作为证据的真实性、关联性和合法性标准，就开始进入到法庭对证据的认证阶段。

二、司法鉴定人不出庭作证和后果

（一）司法鉴定人不出庭作证的情形

司法鉴定人出庭作证，是司法鉴定意见质证工作的必然要求。我国三部诉讼法都规定，凡是担任本案司法鉴定工作的司法鉴定人、复核鉴定人，除依法回避的外，在接到人民法院的出庭通知书后，均应当按时到庭作证，没有正当理由并未经人民法院同意的不得缺席。在某些特殊的情况下，基于某些正当事由，司法鉴定人不可能或者不方便出庭作证，经法庭准许，可以不出庭，由当事人对其书面鉴定意见进行质证。这些特殊情况包括：

1. 双方当事人在庭前证据交换中对司法鉴定意见无异议的；
2. 司法鉴定人因年迈体弱或者行动不便无法出庭的；
3. 司法鉴定人因路途遥远、交通不便无法出庭的；
4. 司法鉴定人因自然灾害等不可抗力或者其他意外事件无法出庭的；
5. 司法鉴定人因其他特殊原因确实无法出庭的。

此外，在共同鉴定活动中，一般由受理鉴定机构的主要鉴定人出庭作证。在鉴定委员会鉴定活动中，一般由鉴定专家小组组长出庭作证。因此，在这两种情况下，其他的司法鉴定人就可以不出庭作证。

（二）司法鉴定人拒绝出庭作证的后果

司法鉴定人出庭作证是司法鉴定人的一项法定义务，我国法律和相关的司法解释规定，在依法回避以及存在正当事由的情况下，司法鉴定人可以不出庭作证，如果不存在上述事由，司法鉴定人拒绝出庭作证的，如果不影响开庭审判，人民法院可以开庭审理；法庭审理过程中，如果需要通知开庭前未向人民法院提供名单的司法鉴定人出庭陈述的，公诉人应当要求法庭延期审理。

在庭审的质证阶段，由于司法鉴定人没有出庭，双方当事人无法就司法鉴定意见中的有关问题对司法鉴定人本人进行询问，因此，司法鉴定意见的质证工作主要围绕鉴定意见本身进行。《最高人民法院关于民事诉讼证据的若干规定》规定，司法鉴定人确因特殊原因无法出庭的，经人民法院准许，可以书面答复当事人的质询。

对于司法鉴定人无故拒绝出庭作证问题的处罚措施，我国法律没有进行相应具体的规定。

三、司法鉴定人法庭作证规范

（一）司法鉴定人出庭作证的任务

根据诉讼法的相关规定和司法鉴定工作本身的要求，我国司法鉴定人出庭作证有两项任务：

1. 宣读鉴定书。

2. 回答本案公诉人、辩护人、当事人依照法律程序和正当要求就有关鉴定意见所提出的问题。

司法鉴定人出庭作证时，应当依法客观、公正、实事求是地回答与司法鉴定工作相关的问题。司法鉴定人必须以高度的责任心和科学的态度完成这两项任务。

此外，有的国家规定，司法鉴定人有参加法庭辩论的权利。我国法律没有此方面的规定。

（二）司法鉴定人法庭证言的内容规范

1. 司法鉴定人在法庭上应当回答的问题范围。司法鉴定人回答的问题应当限于与案件的鉴定有关的问题，对于其他的问题，可以拒绝回答。此外，我国法律中确立的司法鉴定人应当保守的秘密的范围包括其在执业活动中知悉的案件秘密，证据秘密，鉴定方法、内容、手段、结果的秘密、检材和样本内容的秘密，当事人的秘密。归纳起来就是国家秘密、案件秘密、商业秘密、个人隐私等四个方面。

2. 司法鉴定人在法庭作证时，对于司法鉴定人应该回答的问题，内容也必须深浅度适宜。具体的深度要求应当以正常人对于司法鉴定意见能够理解的程度为宜。司法鉴定人在法庭上不回答问题，是藐视法庭的抗拒行为；回答问题的范围和深度不够，容易被认为鉴定意见依据不充分，鉴定意见的科学性和证明作用极可能受到辩护人员的推翻和审判人员的否定；司法鉴定人回答问题的范围太宽、内容太深，容易造成被动局面，同时还可能导致证言失密。因此，司法鉴定人在法庭上既不是有问必答，更不能拒绝回答，应遵循一定的证言范围和深度。

（三）司法鉴定人法庭上不应回答的问题

司法鉴定人出庭作证，对于与本案鉴定工作无关的问题可以不予解答，因为这些问题不是法律要求必须回答的问题。这些问题包括：

1. 不能公开的国家机密。如果案件涉及属于《保守国家秘密法》规定有密级标志的检材、样本的内容与区别标志等，尽管是法定质证主体提出的与案件鉴定工作有关的重要问题，司法鉴定人也可以不作回答。

2. 用秘密侦查手段获取的检材。如当事人提及检材来源及可靠程度时，司法鉴定人可以声明取证工作并非自己的职责，但可以仅就检材的鉴定条件好坏等问题进行说明。

3. 用保密性技术手段显现物证特征和书证内容的方法。这些手段方法都属于《国家安全法》、《人民警察法》中规定的技术侦查手段。

4. 案件中涉及有关个人隐私的内容。我国诉讼法和相关法律都对此类情况进行了具体的规定，对于这些问题，司法鉴定人有权拒绝回答。

5. 涉及有关公民民主权利和人身权利的内容。侦查和审判机关在收集样本和发现、审查可疑人时可能有侵害被告人及其他公民民主权利和人身权利的行为，而且这种行为又必然牵涉到鉴定方面。对于这些问题，如果法定质证主体问及的话，司法鉴定人应不予回答。

四、司法鉴定意见质证主体言行规范

(一) 司法鉴定意见质证主体的言行规范

司法鉴定意见的质证主体在向司法鉴定人进行质询的时候,应当尊重诉讼当事人的合法权益,按照诉讼活动的正常要求进行,在法庭质证的过程中,司法鉴定意见的质证主体应当遵守一定的言行规范。

具体地说,包括以下几个方面:

1. 双方当事人向司法鉴定人发问,应当获得法庭许可。我国三大诉讼法都规定,当事人经法庭许可,可以向司法鉴定人发问。因此,在法庭质证过程中,在向司法鉴定人提问之前,当事人应先获得法庭的许可,否则不得任意向司法鉴定人发问。

2. 质证主体向司法鉴定人发问,应当围绕着鉴定意见的证据能力和证明力问题进行,不应当就与案件鉴定无关的问题提问,不得进行人身攻击。

3. 质证主体提问要语气平和,不得使用威胁、侮辱以及不适当引导司法鉴定人的言语和方式。对于于己方不利的司法鉴定意见,当事人不可以在法庭上对司法鉴定人发泄不满情绪。

4. 双方当事人对司法鉴定人进行质证,应当按照一定的顺序进行,遵守应当的诉讼程序要求。双方当事人不得在法庭上随意向司法鉴定人发问。

5. 质证主体在对司法鉴定人进行质证的过程中,应当遵守法庭秩序。不得大声喧哗,不得扰乱法庭审理的正常秩序,对于违反法庭秩序者,法庭将对其进行相应的行政处罚乃至司法处罚。

(二) 司法鉴定意见质证主体对鉴定人询问的内容

司法鉴定意见的质证主体可以就以下几个方面的问题向司法鉴定人进行询问:

1. 有关司法鉴定意见作为证据使用的真实性问题。包括检材与样本的条件与鉴定意见的关系问题，如检材的数量、质量、保存条件、提取方法和处理方法等问题，以及样本来源的准确性、样本的时效、样本的数量、质量与标准问题；鉴定步骤和方法的科学性问题；鉴定意见中对检材和样本间相同特征和不同特征作用的解释；鉴定意见的科学依据问题等方面。

2. 有关司法鉴定意见作为证据使用的关联性问题。包括司法鉴定意见是否确实解决了案件中的专门性问题，司法鉴定意见对于案件中的待证事实是否有证明作用，司法鉴定意见是否有助于查明相关的案件事实。

3. 有关司法鉴定意见作为证据使用的合法性问题。包括检材与样本获取过程的合法性、司法鉴定人作为鉴定工作实施主体的合法性，即是否存在着应当回避或者无职业资格和执业能力等情形。

同时，对于有证据能力的司法鉴定意见，质证主体应当接着就司法鉴定意见的证明力进行质询，以判明特定的鉴定意见的证据效力。

此外，对于与案件的司法鉴定工作无关的问题以及涉及国家秘密、商业秘密、个人隐私等司法鉴定人依法不予以回答的问题，质证主体不应进行提问。

（三）具有专门知识的人员（司法技术人员和技术顾问以辅助人员身份）对司法鉴定意见的询问

法官和当事人由于缺乏相关的专门性知识，对司法鉴定人的询问大多限于鉴定书的制作规范等问题，无法对司法鉴定意见的实质性问题进行质询，对司法鉴定意见的科学性审查很难落到实处。而具有专门知识的人员则恰好可以弥补双方当事人在这方面的缺陷，可以就司法鉴定工作的依据、程序方法等实质性问题进行质询，从而对司法鉴定意见的证据能力和证明力进行质证。

同时，这些具有专门知识的人员对于司法鉴定人的询问应当围绕司法鉴定工作进行，不应当超过案件司法鉴定工作的范围。对于与案件司法鉴定工作无关的问题，司法鉴定人有权拒绝回答。如果具有专门知识的人员的提问涉及与案件工作无关的问题，审判人员应当予以制止。

这些具有专门知识的人员应当事人的申请对案件中的专门性问题进行说明，其地位从属于当事人。因此，其对司法鉴定人的询问情况也归属于当事人的质证活动之中。法庭应当将具有专门知识的人员对司法鉴定意见的质证情况记入笔录，并由其核对后签名或盖章。

（四）控辩双方专门人员对鉴定意见的对质

在司法鉴定意见的质证活动过程中，如果遇有司法鉴定人不能出庭作证的情形，具体的质证工作就只有围绕着司法鉴定意见进行。由于司法鉴定人不能在法庭上对司法鉴定意见进行宣读和解释，控辩双方有可能不具有该领域的专门知识，因此，具体的质证工作很难落到实处。

为了在这种情况下实现对司法鉴定意见的质证工作，双方可以聘请该领域的有关专门人员参加对鉴定意见的质证工作。虽然法律并未明文规定当事人双方专门人员要具备司法鉴定人的资格，但他们实际上应当是资深鉴定人。经法庭许可，双方专门人员可以就司法鉴定意见的证据能力和证明力发表意见。在法庭质证过程中，当事人双方专门人员应当围绕司法鉴定意见证明力有无以及证明力大小，进行质疑、说明与辩驳。对于涉及国家秘密、商业秘密和个人隐私等需要保密的事项，双方专门人员均不得泄露。

双方专门人员对鉴定意见的对质活动，应当力求解决鉴定意见的科学属性问题及其证明意义问题，应当遵守法庭质证的程序要求，遵守一定的言行规范，遵守法庭秩序要求。

如果控辩双方专门人员就鉴定意见的证据能力和证明力达成了共识，其任务即告终止，对鉴定意见的实质性质证工作即告结束。如果双方专门人员就该问题存在着根本的分歧，那么控辩一方可以就此提请人民法院进行重新鉴定或者组织专家共同鉴定。

法庭应当将控辩双方专门人员对鉴定意见的质证情况记入笔录，并由其核对后签名或者盖章。

第四部分　司法鉴定意见的认证

一、司法鉴定意见认证

司法鉴定意见认证是审判人员确认鉴定意见有无证据效力及证明力大小的一种职权行为。对鉴定意见的认证实质是对鉴定意见证据能否被采用和如何采用的问题。案件中的公诉人、被告人及其辩护人、当事人和第三人及其代理人、技术顾问等，虽然也是鉴定意见审查的主体，也可以通过多种方式对鉴定意见证据从程序到实质、从单个到整体进行综合审查，但这些只对帮助审判人员认识鉴定意见证据有意义，最终审查并运用鉴定意见的仍然是案件的审判人员。

对鉴定意见的认证主要从两个方面进行：

（一）对司法鉴定意见证据有无证据效力进行认证

其实质是审查鉴定意见证据能否用作认定案内事实和情节，这种审查是保证正确运用鉴定意见证据的前提。具体主要审查以下内容：（1）鉴定资料来源是否合法；（2）委托和受理的手续是否合法、完备；（3）鉴定机构和鉴定人是否具备相应的法定或指定的鉴定权限，鉴定机构和鉴定人是否具有解决某一专门性问题所应具备的知识、技能和经验以及设备和物质条件；（4）检材、样本或者与鉴定对象有关的其他鉴定材料是否符合鉴定条件；（5）鉴定方法是否为法定的科学方法，鉴定意见及其依据是否符合规范，鉴定文书是否规范；（6）鉴定人是否具有我国诉讼法上所规定的应当回避的情形；（7）鉴定人是否受到外界因素的影响，如是否具有被授意、胁迫或徇私、受贿、故意作虚假鉴定的情况。

经过审查，即使程序和实质都没发现缺陷和错误，也不能简单地认定其证据效力，能否被采用还得将其与案内其他证据一起分析，如果鉴定意见证据与案内其他证据能够相互印证，就应认定其证明力。如果鉴定意见证据与案内其他证据之间相互矛盾，则应视具体情形确定其是否有证明效力，如：（1）几个鉴定意见审查后均未找出排除依据，则应确认多数一致的鉴定意见的证明力高于少数的不一致的意见；（2）法庭委托鉴定的意见的证据效力高于当事人单方面委托鉴定的意见；（3）法定鉴定机构的鉴定意见的证据效力高于其他鉴定机构的鉴定意见；（4）案内其他证据能够构成证据锁链且能充分证实案件事实，而鉴定意见证据与之矛盾，则不应确认鉴定意见证据的证据效力；（5）几个鉴定意见都不能排除且数量相当，则应分析其确定的内容哪些最直接、最接近真实，如文书上的印章同一认定意见和笔迹书写习惯同一认定意见不一致，因印文存在被伪造或窃取的可能，因此应确认书写习惯同一认定意见的证据效力；（6）对于来自对立当事人的证明同一案件事实且意见类型一样但意见不同的，如果其他认定方法均不能排除，则应确认不负举证责任一方的出示的鉴定意见证据的证明力大于负有举证责任一方出示的鉴定意见证据，等等。

（二）对司法鉴定意见证明力大小的认证

即对鉴定意见证据证明案件事实或情节程度的认证，实质是认定鉴定意见证据与案件的关联程度，是正确运用鉴定意见证据的基础。对鉴定意见证明力大小的认证主要从以下几个方面进行：

1. 应分析鉴定意见证据案件事实的联系程度，即鉴定意见证据就其证明的案件具体事实所能证实的程度，证实程度越高其证明力越大。一般表现为：（1）同一认定意见的证明力大于种类认定意见；（2）种类认定的否定意见的证明力大于其肯定意见；（3）理化检验阳性意见的证明力大于其阴性意见；（4）认定事实发生的直接原因的意见的证明力大于认定事实发生的间接原因的意见；（5）确定事实有无、真伪及程度的鉴定意见就其具体证明的事实而言，证明力都较大。

2. 应分析鉴定意见证据所证实的事实在案件中所占的地位如何。一般而言，若鉴定意见证据所证实的是案件中的主要事实和情节，则证明力大，反之则相对较小。

二、对鉴定程序违法意见的认证

司法鉴定程序一般包括鉴定资料的收集与保全、鉴定的决定与委托、受理鉴定、鉴定步骤方法、鉴定人出具鉴定意见并出庭作证的整个过程。鉴定程序违法也就是指在上述过程的某个或某些环节中出现了程序违法的事实。对鉴定程序违法意见的认证也就是根据对鉴定意见证据的审查，发现鉴定涉及的整个过程中的违法事实并及时加以纠正，以确定鉴定意见的证明力。具体反映在以下几个方面：

（一）对鉴定过程中程序的审查

首先应审查鉴定方法的科学性和鉴定意见依据是否符合规范，鉴定文书是否规范，等等。对于鉴定方法、鉴定意见依据鉴定文书有缺陷的鉴定意见证据，应该视为无效证据，不认定其证明力，而且依据当事人的申请审判人员应该决定重新鉴定。对鉴定文书有缺陷的鉴定意见证据，审判人员可以根据申请决定或主动要求鉴定机构予以说明。

（二）对鉴定的决定和委托程序的审查

司法鉴定应当由具有鉴定决定权的机关来决定并委托相适应的鉴定机构进行司法鉴定。按照《中华人民共和国刑事诉讼法》的规定，侦查机关、检察机关在案件侦查、起诉阶段有权决定鉴定。但《最高人民法院关于民事诉讼证据的若干规定》和《司法部司法鉴定程序通则（试行）》承认了当事人的决定鉴定权。除鉴定决定权外，鉴定的受理权也是法定的，按规定，司法鉴定应该由法定鉴定机构受理，法定鉴定机构不具备鉴定条件的，应该交由指定的鉴定机构受理且鉴定机构和鉴定人应该具备相应的鉴定资格审查时，应主要审查委托和受理鉴定的主体是否具备合法的资格；委托和受理过程中应该具备的手续文书是否完备。如果鉴定手续不符合法律规定，可以要求其补救；委托主体是侦查、起诉及审判机关，程序合法；如果鉴定为当事人单方面委托，对方当事人对鉴定意见证据无异议的，应该确认其证明力，否则应根据申请决定重新鉴定，鉴定机构和鉴定人主体资格缺乏的，应视鉴定意见为无证明力并根据申请决定重新鉴定；同等条件下，法院委托取得的鉴定意见证据效力大于当事人单方面委托所取得的鉴定意见证据，法定鉴定机构的鉴定意见证据的证明力大于其他鉴定机构的鉴定意见。

（三）对鉴定资料来源合法性的审查

主要审查鉴定资料的发现、提取过程中手续是否完备，如有无《勘查证》或《搜查令》，有无《勘验笔录》或《搜查笔录》且记录是否与实际情况一致，有无《提取扣押清单》且记录是否详细和属实，检材、样本及其他鉴定资料提取、保全的方法是否科学、及时，有无见证人，等等。如果这些方面的程序不合法，一般而言，应该认定其鉴定意见无法律效力。但如果有关机关采取了一定的补救措施且符合法律规定的，或者对方当事人予以确认的，应认定其证明力。

（四）对鉴定人出庭作证的审查

鉴定人根据人民法院审判案件的需要，就自己鉴定的案件的专门性问题，依据诉讼法的规定有出庭作证的义务。除非有法定的情形，不然根据法律鉴定人都应该出庭作证。无正当理由未出庭质证的鉴定人的鉴定意见，不能单独作为认定案件事实的理由。

三、对鉴定人违法鉴定意见的认证

对于接受委托的鉴定，鉴定人应该严格依法进行鉴定活动并作出鉴定意见，这是鉴定人的权利也是鉴定人的义务。如果鉴定人在进行鉴定的过程中有违法行为发生，其鉴定意见的可靠性就值得怀疑。对于鉴定人违法所得出的鉴定意见的认证应该从以下几方面进行：

（一）对鉴定人法律资格的审查

按照法律规定，只有法定鉴定机构、依法指定的鉴定机构、依法取得鉴定资格的鉴定人才能受理司法鉴定，任何鉴定机构和鉴定人只能在管理机关依法授权的鉴定项目范围内受理鉴定。经过审查，如果发现并确定出具案件内的鉴定意见的鉴定机构和鉴定人的鉴定权限范围与实际不符，即鉴定机构和鉴定人超越自己受理案件的范围，不管其意见如何，均不应该确认该鉴定意见证据的证明力。

（二）结合案件内专门性问题对人员和设备条件的要求，对鉴定人的鉴定能力和鉴定机构的技术条件进行审查

对鉴定人实际鉴定能力的审查，主要审查鉴定人所受专业教育的程度、从事实际鉴定的年限、专长、经历以及专业技术职务和有关的科研成果、历史上解决疑难案件鉴定的数量和质量等方面。对鉴定机构的实际技术条件的审查，主要审查设备条件、掌握和拥有的先进技术和检验手段的条件。经过审查，如果确定鉴定机构和鉴定人不具备解决案件内的具体鉴定问题的能力和条件，那么其鉴定意见的可靠性就值得怀疑，其证明力应该结合案内其他证据认定，或者根据申请决定进行补充鉴定或重新鉴定以确证其证明力。

（三）对鉴定人鉴定过程中是否存在违法操作的审查

主要审查鉴定人是否具有按照我国诉讼法规定的回避情形。经过审查，如果鉴定人具有法律规定的回避情形，鉴定人的鉴定行为就可能影响鉴定意见的可靠性，则不能认定其鉴定意见的证明力，只有进行重新鉴定才能重新认定其证明力。

（四）审查鉴定人进行鉴定活动中是否受到某些主客观因素的影响

鉴定人在进行鉴定过程中应该客观、科学地出具鉴定意见。若鉴定人主观上存在故意，如粗心大意、随意或想当然地出具鉴定意见，甚至受关系、情感、美色、利益、物质或金钱、地位等的诱惑故意作虚假鉴定，即使鉴定人的专业知识和技能高超、鉴定资料鉴定条件好，鉴定难度小、鉴定方法简单，鉴定意见仍然是不可靠的。经过审查，如果鉴定过程中确有这些现象出现，其鉴定意见只能认定为无效证据，无证明力，不能用于证实案件事实。相反，应按照法律规定追究鉴定机构和鉴定人的行政责任和民事责任，情节严重的按照刑法规定追究其刑事责任。

四、对鉴定书内容不符合规定的意见的认证

对鉴定书的审查和认证主要从以下三方面进行：

（一）对鉴定书内容的真实性进行审查

鉴定书内容的真实性实际是指鉴定书记载的鉴定资料、鉴定方法、依据以及相应的鉴定意见是否真实。经过审查，如果发现鉴定书内容是虚假的、不真实的，那么其鉴定意见应为无效证据，不具备证明力。

（二）审查鉴定书的格式是否规范、内容是否全面

鉴定书是法律文书，其格式应服从司法文书的基本要求，准确反映鉴定过程的各个方面。经过审查，如果确定鉴定书格式欠规范，内容不全面或有遗漏，语言不流畅、不简捷，有别字、掉字现象存在，意见不明确等，则该鉴定意见证据应该视为有瑕疵的证据，其证明力必须结合其他证据认证。可以要求原鉴定机构书面说明或者补充鉴定、重新鉴定。

（三）审查鉴定书是否符合法律法规的规定

鉴定书所反映出来的有关鉴定各方面的内容、记载的鉴定事实能够反映出鉴定的程序和实质是否合法。如鉴定对象的合法性、委托机关的合法性，委托程序和手续是否完备，鉴定机构的合法性和适格性，鉴定资料的条件是否具备，鉴定方法是否适当，意见依据是否规范、充分等。如果经过审查确认了上述某一方面或某些方面不符合法律法规的规定，该鉴定意见证据就应视为无效证据，不能赋予其证明力。但可以采用补充鉴定或重新鉴定的方式进行补救。

五、对复印鉴定资料鉴定意见的认证

鉴定资料是科学、准确、客观地作出鉴定意见，探索未知待证事实的客观基础和依据，在司法鉴定活动中占有重要位置，只有客观的、符合科学要求的鉴定资料，才有可能得出反映客观实际情况的鉴定意见。许多鉴定都要求鉴定资料为原件，以确保鉴定意见的科学性和准确性。但是在实践中，通常由于鉴定资料原件灭失或其他原因提供原件比较困难，进行司法鉴定时，鉴定资料变成了复印件。

对复印件鉴定意见的认证，就是在对复印件鉴定意见综合审查的基础上，确认其证明力。一般而言，无论是法院委托的或当事人单方面委托的复印件鉴定，意见对其不利一方当事人无足够依据反驳鉴定意见证明力的，应当确认其证明力；如果案内就同一问题有两个以上（含两个）鉴定意见，对原件鉴定的意见的证明力大于对复印件鉴定的意见；能够与原件、原物核实的复印件的鉴定意见的证明力大于无法与原件、原物核实的复印件的鉴定意见；条件好、复印清晰、为原件或原物直接复印的复印件的鉴定意见的证明力大于条件差、信号损失大、多次复印的复印件的鉴定意见；如果鉴定资料都是复印件，则应该区分哪一个意见的证明力更大而确认它的证明力；如果无法区分两个以上（含两个）对复印件鉴定的意见的证明力导致争议事实难以认定的，应该推断无举证责任一方的意见具备证明力。

运用时要注意：无法与原件、原物核对的复印件的鉴定意见，不能单独作为认定案件事实的根据。

六、对当事人单方面委托鉴定意见的认证

当事人单方面委托鉴定，是指当事人为了获取对自己在诉讼中有利的证据或获取反驳对方当事人证据的证据，依据法律法规的规定，就诉讼活动所遇到的专门性问题单方面委托鉴定机构进行的鉴定。这种鉴定主要在民事诉讼活动中出现，因为《最高人民法院关于民事诉讼证据的若干规定》授予了当事人鉴定委托权。另外一些行政案件也可以有当事人委托。

对于当事人单方面委托鉴定所取得的鉴定意见的审查和认证，具体表现为：第一，当事人一方委托鉴定所取得的鉴定意见，在质证过程中，对方当事人有充分理由予以反驳并申请重新鉴定的，应准予重新鉴定，重新鉴定后再补充质证确认其证明力；对方当事人认可或提出的相反证据不足以反驳的，应确认其证明力。第二，当事人用单方面委托鉴定所得到的鉴定意见用作反驳对方当事人的证据，对方当事人认可的，应该确认其证明力。第三，当事人双方各自委托的鉴定，其鉴定意见矛盾的，应该确认证明力明显较大一方鉴定意见的证明力；对于当事人双方各自委托的鉴定，其鉴定意见矛盾且无法具体确定各自证明力的，应该推断不负举证责任的一方委托鉴定所获得的鉴定意见证据的证明力。

七、对诉前鉴定意见的认证

诉前鉴定是指在诉讼活动正式启动前，有关机关和人员就案件中的某些专门性问题委托司法鉴定机构进行的鉴定，这种鉴定所取

得的意见被称为诉前鉴定意见。诉前鉴定一般出现在民事诉讼、行政诉讼和刑事自诉案件中，一般有以下两种情况：

1. 为了获取立案、确定管辖权属、调整诉讼请求的依据，由人民法院决定并委托的鉴定。由于委托主体为法律上的适格主体，只要鉴定其他方面不存在问题，认证时往往都能确认它的鉴定意见的证明力。

2. 当事人一方为了了解、固定证据、印证其他证据而委托司法鉴定部门的鉴定。这种鉴定的意见相对较为复杂，要根据具体情况加以认证。具体又表现为：当事人一方委托鉴定所取得的鉴定意见，在质证过程中，对方当事人认可或提出的相反证据不足以反驳的，应该确认其证明力；或者当事人用单方面委托鉴定所得到的鉴定意见用作反驳对方当事人的证据，对方当事人认可的，应该确认其证明力；对于当事人双方各自委托的鉴定，其鉴定意见矛盾的，应该确认证明力明显较大一方鉴定意见的证明力；对于当事人双方各自委托的鉴定，其鉴定意见矛盾且无法具体确定各自证明力的，应该推断不负举证责任的一方委托鉴定所获得的鉴定意见证据的证明力。

八、对鉴定资料来源有争议的意见的认证

鉴定所依据的鉴定资料必须具备合法性和真实性，这是保障鉴定意见真实可靠的前提，也是作为证据的鉴定意见通过认证的前提。如果鉴定资料不真实或者部分不真实、来源不合法，鉴定意见都不具备可靠性。对鉴定资料来源有争议的鉴定意见的认证，就是要解决对依据来源有争议的鉴定资料所得出的鉴定意见证据的证明力问题。根据我国现行法律法规的规定，结合鉴定实际进行分析，鉴定资料来源争议的原因不同，对相应鉴定意见认证的方式和结果也不相同。主要表现在以下五方面：

1. 对于鉴定资料收集过程中，违反程序，不具备相关法律文

书和记录的，其鉴定意见不具有证明力；若是以违反法律禁止性规定或侵犯他人合法权益的方法取得的，其鉴定意见也无证明力。

2. 对于复印文书，如果没有其他证据证实其来源的真实性，或者复印件质量非常差以致影响鉴定条件的，不管鉴定后得出了何种意见，都不能认定其证明力。

3. 对于鉴定资料确实为原件，但被当事人或他人进行过技术处理而难辨真伪的，即使有鉴定意见，也无证明力。

4. 对于来源不真实的鉴定资料，如张冠李戴，故意调换案件中的检材或样本材料，或者鱼目混珠，将鉴定资料中掺杂其他材料，这些都会本质性地影响鉴定意见的真实可靠性，因此，依据这些鉴定资料所得出的鉴定意见，应认证为无证明力。

5. 对于鉴定资料，如果其质量和数量达不到法定鉴定标准的要求，无论鉴定意见如何，均应认证为无证明力。

九、数个鉴定意见对同一事实的证明力的判定

司法鉴定证明力，是指在具有证据能力的前提下，司法鉴定意见在证明与待证事实上而体现出价值大小与强弱的状态或程度。证据的证明力体现在证据的客观性和关联性上。由于种种主观、客观因素的限制，司法鉴定有时能得出肯定或否定的意见，能和其他证据相互印证，体现出的证明力就强些；有时可能得不出意见，或只得出可能性或倾向性的意见，这时其证明力就弱一些。

对鉴定意见证明力大小的认证主要从以下几个方面进行：首先，应该按照鉴定意见的审查方法，进行逐一审查、相互之间对照审查、与案内其他证据结合审查，确定它们的合法性、关联性和客观性。据此排除部分不符合证据"三性"的鉴定意见。

其次，对其余的数个鉴定意见而言，应该分清它们是从哪个角度证实同一个事实。证明的角度不同，鉴定意见与事实联系的程度不同，应分析鉴定意见证据与案件事实的联系程度，即鉴定意见证

据就其证明的案件具体事实所能证实的程度，证实程度越高其证明力越大。一般表现为：同一认定意见的证明力大于种类认定意见；种类认定的否定意见的证明力大于其肯定意见；理化检验阳性意见的证明力大于其阴性意见；认定事实发生的直接原因的意见的证明力大于认定事实发生的间接原因的意见；确定事实有无、真伪及程度的鉴定意见就其具体证明的事实而言，证明力都较大。再次，分清各个鉴定的意见形式，确定哪些意见能够相互印证，能够相互印证的鉴定意见哪方面占优势，更有证明力，以确认它的证明力。

最后，对于证明力无法判断导致争议事实难以认定的数个鉴定意见证据，可依据举证责任分配的原则推断对无举证责任一方当事人有利的鉴定意见有证明力。

十、当事人双方举出相反鉴定意见的证明力的认定

由于司法鉴定可以由诉讼当事人双方共同提出，也可以由诉讼当事人各自提出，那么对于各自提出的司法鉴定就可能出现不同的意见。对于这种情况，不能简单地认定谁有证明力谁无证明力，谁的证明力大谁的证明力小，而是应该针对不同的情况作不同的分析。

首先，应该逐个审查、相互结合审查、与案内其他证据结合审查，确定这些鉴定意见证据是否都具有证据能力。因为证据能力是证明力的前提，没有证据能力根本谈不上证明力。如果双方提供的鉴定意见都不具备证据能力，那么它们也都不具有证明力，均应不予认定。如果一方鉴定意见有证据能力，一方鉴定意见不具有证据能力，那么无证明力的一方鉴定意见将不予认定，而另一方鉴定意见通常给予认定。

其次，如果双方的鉴定意见都有证据能力，那么就要审查双方鉴定意见与案件关联性的大小，关联性大的鉴定意见证明力要大于关联性小的鉴定意见的证明力。如果不能判断关联性的大小，可以

重新指定鉴定机构进行鉴定或由合议庭认定，或者依据举证责任分配的原则推断对无举证责任一方当事人有利的鉴定意见有证明力。

十一、鉴定意见的证明力无法判断的裁定

当出现鉴定意见的证明力无法判断时，审判人员可以作出以下裁决：

1. 补充鉴定。通过补充鉴定在原来鉴定的基础上完备原鉴定意见，对个别问题进行修正或补充，通过补充鉴定来使原鉴定意见得到完善，再对补充后的鉴定意见进行认证，如其符合认证的条件则可以给予认证。

2. 重新鉴定。重新鉴定与补充鉴定的主要区别在于，前提和鉴定主体不同。重新鉴定是对原鉴定意见进行审查后认为难以取信时，就同一个专门性问题决定的再次委托的鉴定。对于重新鉴定得出的鉴定意见要重新经过质证和认证以确定其证明力的大小。

3. 不予认定。如果证明力无法判断的鉴定意见经过审查，与要证明的案件事实不具有相关性，则可对此鉴定意见不予认定。

十二、不予采纳的鉴定意见

鉴定意见经过认证，是否应该运用于证实案件事实，即是否可以采纳，是每一个案件审理中都必须面对的问题。一般而言，经过综合审查与认证后，具有证据效力的鉴定意见证据同等条件下，均应被采纳。经过审查和认证后，结合我国现行法律法规的规定，不予采纳的鉴定意见证据大多有以下几种情况：

1. 经过审查不具备证据"三性"的鉴定意见，应不予采纳。首先，审查客观性。它是证据必备的三要素之一，审判人员认证的应是客观存在的事物，并且这些事物能够被人们的主观能动性感知和再现。其次，审查关联性。关联性是指由某一证据所决定的与待

证事实之间具有产生某种内心倾向性的感知状态。鉴定意见作为证据的一种都是为证明案件事实服务的，因此鉴定意见必须与案件事实相关联，不具有关联性的鉴定意见就失去了它存在的价值更没有采纳的价值。再次，审查合法性。合法性就是指证据被采用所必须具备的法定要件。证据是否具有证据能力，主要取决于法律上的规定，只有法律上允许采纳为证据的，才具有法律上的证明力。鉴定意见的作出必须符合法律规定，不符合法律规定的鉴定意见不予采纳。

2. 上述几种不合格的鉴定意见证据，经过一定的补救（如要求有关机构予以说明，进行补充鉴定或重新鉴定等）之后重新质证仍存在缺陷的，应不予采纳。

3. 已经过审查，均属合格证据的，同等条件下证明力明显较小的不予采纳。

4. 证明力无法判断导致事实难以认定的，应根据举证责任分配原则，由负有举证责任的一方承担不利后果。

十一、英国刑事司法系统下的量刑与证据

[英] 米歇尔·麦提亚 (Michael Mettyear)

【专家简介】 米歇尔·麦提亚，男，英格兰大法官、英国量刑指南委员会委员，任全职法官近二十年，就任法官之前一直从事律师工作。Mettyear 大法官主要在约克 (York) 和胡尔县 (Hull County) 审案，但是也参与中央刑事法庭 (老贝利法庭) 以及刑事上诉院的审理工作，主要审理严重刑事犯罪案件。他在量刑政策领域有近十年的经验，曾为许多政府机关机构提供相关的咨询和建议。Mettyear 经常在国内外授课，授课的内容以量刑为主，但也涉及刑事司法体系的其他部分。

很高兴来到这里和大家进行交流。和大家一样，我也是一名法官，但我发现在座的各位都非常年轻，而我们英国要想成为法官，年龄肯定是不小了。我听说，中国法官退休的年龄大约在 60 岁，好像在 50~55 岁之间，就要"被"退休了。而在英国，很可能 60 岁之前还不能成为法官。这种巨大差异的形成，主要是因为我们两国的职业路途不同。在英国，成为法官意味着放弃职业律师生涯，而正是长期的律师生涯，使得我们对法律适用和法庭程序非常熟悉。

一、量刑的一致性

在我的法律生涯中，我对量刑越来越有兴趣，之前主要是作为律师参与，后来则是作为法官亲自进行裁量。在成为法官之前，我曾经做过20多年的律师。在英格兰北部的一个小法庭里，遇到过这样一种情形：A法官总是憎恨犯罪人，对他们处以极其严厉的刑罚。他有一只眼睛是玻璃做的假眼，很逼真，一般人看不出来是假的，但有的人却一下子就看出来了，他们的理由就是：这只眼睛中竟然闪烁着仁慈的光芒！而B法官则正好相反——他总是同情犯罪人，相信"人之初，性本善"，他们之所以变坏，之所以犯罪，有一个很重要的原因就是环境对他们的影响，于是想方设法给予他们最为宽大的待遇。这样一来，所有的犯罪嫌疑人都希望自己被B法官审判，而非A法官审判——被前者审判的，或许马上就可以欢天喜地地回家，被后者审判的，却不得不在抱怨着自己不幸的同时无奈地去服刑。于是，就导致了这样一个奇怪的情况——大家都争着在B法官的工作日被审判，从而导致其门庭若市，而A法官的工作日则是冷冷清清。

同样一桩案件，被不同的两个法官进行审判，结果却有天壤之别。这不是司法，更不是正义！我认为，最好的司法应当具有一致性。我做法官时，则主要致力于此，并取得了一些成果。在英格兰，量刑的一致性主要是通过上诉系统确保的。高等法院对涉及量刑的案子提出一些指南或是指导性意见。而作为专门性团体的量刑指南委员会也会给政府提出建议。有的法官对此表示反对，他们认为司法应当独立，法官完全应当按照自己的意思来量刑。当然，这并非一个直白的问题。司法的独立性虽然重要，但是并非意味着可以任意地进行判决，为所欲为。任何一个判决都是集体智慧的决定，而并非个人主义的一个选择。量刑指南就体现了集体的构想，具有很好的指示作用。当然，我们的指南也远非完美无缺，比如用枪杀人的刑期就比用刀杀人的要长一倍，这是没有道理的。此外，在法庭上，法官是否只针对被告被指控的犯罪进行裁量，而不顾及其人身的危险性？如何把握本身罪过和犯罪后果二者之间的关系？倘若出现了脱节，如何解决这一问题？还有，如果三个被告同时受审，A 入室盗窃一次，B 入室盗窃两次，C 入室盗窃三次，是否他们的量刑就该成倍增加呢？

下面我介绍几个国家的法官判案方式：

• 苏格兰的法官判案喜欢随心所欲，当然，他们有了自己的立法委员会。

• 在美国，法官自己决定哪种量刑方式更为合理，因为他们是由人民选举产生的。因此，其原则上持反对意见。最初推出量刑指南的时候，好几个州都严正反对，认为其违宪。不过，近几年来，这种阻力在逐渐减少。

• 在英格兰，96% 的案件由治安法官在治安法庭上判决。一般由 3 位法官组成合议庭，他们没有太多的专业素养，也并非毕业于法律专业。当然，他们只处理非常轻微的案件，最高只能判处 12 个月监禁——比如盗窃，交通肇事等等。与此同时，皇家刑事法院则主要做两件事，即定罪与量刑。在定罪方面，由陪审团和法官一起完成：陪审团认定是否有罪，而法官则判断为何罪；而在量刑方面，则由法官单独完成。

量刑当然是通过刑罚达到很明显的目的。英国专门进行了规定，量刑的目的就是：（1）惩罚犯罪人；（2）减少犯罪——主要通过威慑作用来加以抑制；（3）改造犯罪人，使其重新做人；（4）保护公众；（5）在特定犯罪案件中使犯罪人对特定的受害者和社会为自己的所作所为作出赔偿。

二、谋杀等犯罪的量刑

下面，我给大家介绍一下关于谋杀等犯罪中的量刑。

谋杀罪的量刑，过去是可能导致适用死刑的。不过现在，英国已经没有任何一个罪名适用死刑。我们以前是有死刑的，但随着时代的推移而逐渐减少。过去 100 年来，可以适用死刑的罪名就只有谋杀罪和叛国罪。20 世纪，英国兴起了废除死刑的运动，并取得了极大的成功。其中一个重要原因与有利条件就是，当时有很多无辜的人由于被定谋杀罪而处死。毫无疑问，只要谋杀罪存在死刑，就肯定有无辜的人被处死，为自己根本没有做过的事情付出生命的代价。

中国在死刑证据的标准上出台了更为严格的规定，明确了今后的死刑适用将建立在更坚实的基础上——唯一性、排他性的证据标准，即排除一切合理怀疑。英国也差不多，是非常确信有犯罪，从本质上来说是相同的。但即使这样，仍有可能导致无辜的人被判处死刑。我们这里就有一个活生生的例子。A 被指控谋杀了自己的妻子和孩子。同时受到怀疑的还有 B，但 B 是一个非常受大家尊重的绅士，没有人认为他会从事犯罪。A 拼命地抗议，但最终仍是徒劳无效，被判处死刑并执行。但后来，人们惊讶地发现，真凶竟然是那位饱受尊重的绅士，是他杀死了 A 的妻子和孩子！虽然 B 也被送上了绞刑架，但是 A 的生命无论如何也是无法挽回的了。这就说明，即使证据标准再严格、再高，仍然可能犯错误。而英国也最终在 1960 年废除了死刑。

如何处理最严重的犯罪呢？终身监禁可以说是最严厉的刑罚，不过它也并非意味着要在监狱里呆上一辈子，而是有可能呆上一辈子。即使判处终身监禁，法官也可以发挥非常大的作用。因为是由法官定下最低刑期的，而罪犯只有在监狱中经过了最低年限后，才有获取假释的资格。关于具体操作，请大家看 2003 年《刑事司法法》附录 21 节录："强制性终身监禁相关最低刑期的确定"：

"量刑起点
4 （1）如有下列情况：

（a）法院认为该项犯罪（或该项犯罪和一项或多项与其相关的其他犯罪的结合）异常严重，并且

（b）犯罪人实施该项犯罪时年满 21 岁，则适当的量刑起点为终身监禁令。

（2）通常属于第（1）款（a）项的案件包括——

（a）谋杀两人或以上，且每项谋杀涉及下列情况之一：

（i）在很大程度上经过预谋或策划，

（ii）诱拐被害人，或

（iii）有性行为或施虐行为，

（b）谋杀儿童，如果涉及诱拐被害儿童或者性动机或施虐动机，

（c）以推动政治、宗教或意识形态事业为目的的谋杀，或

（d）由曾被判犯有谋杀罪的犯罪人实施的谋杀。

5　（1）如有下列情况：

（a）案件不属于第 4（1）款规定的范围，但法院认为该项犯罪（该项犯罪中合谋进行的非法或暴力行为和与此项犯罪相关的一项或多项犯罪）特别严重，并且

（b）如果犯罪人实施犯罪时已满 18 岁，则确定最低刑期时适当的量刑起点为 30 年。

（2）通常属于第（1）（a）款的案件（如果不属于第 4（1）款规定的范围）包括——

（a）谋杀执勤警务人员或监狱管理人员，

（b）涉及使用枪支或爆炸物的谋杀，

（c）为取得收益而实施的谋杀（如抢劫或入室行窃过程中的谋杀、为获得报酬而实施的谋杀或期待获得死亡导致的收益而实施的谋杀），

（d）旨在妨碍或干扰司法公正的谋杀，

（e）涉及性行为或施虐行为的谋杀，

（f）谋杀两人或以上，

（g）具有种族或宗教加重情节或性取向加重情节的谋杀，或

（h）属于第 4（2）款范围的谋杀，而犯罪人实施犯罪时不满 21 岁。"

我们欣喜地发现，中国正在采取一些办法逐步地废除死刑。近年来，最高人民法院对量刑很感兴趣，也制定了一些量刑指南，并在试点单位推行使用。我认为，你们可以在刑罚的结构上进行一定的调整，如使得无期徒刑的刑期真正成为无期，或是给谋杀罪进行分类等。

我们所讲的谋杀是指故意杀人或者故意伤害致人死亡。它主要包括三个方面：恐怖主义谋杀，家庭中的谋杀和安乐死。

谋杀案中，议会有最低刑与最高刑的限度规定。在一般的死刑案中，最高刑为终身监禁，法官会判决被告至少在监狱中呆上多少年作为一个可能提前释放的条件，当然，同时还要考虑释放后是否会对社会造成危害结果。如果他违背了规定中的任何一项，英国政府将通过行政手段将其逮捕。

所有犯罪，英国都在立法上规定了最高刑期，最严重的犯罪对应最高的刑期，以此类推。影响确定具体刑期的因素有很多，一个是高级法院的判决，网上都可以查到；还有量刑指南委员会的指南，涉及所有的重大犯罪；著名学者的著作和文章中也有很多。

英国已经废除了死刑，针对最严重的犯罪，议会制定了除此之外最严厉的刑罚。比如抢劫罪，最高刑为终身监禁；深夜入室盗窃，最高刑为 14 年；一般盗窃，最高刑为 7 年等等。当然，对这些最高刑的适用，英国法院是非常谨慎的。对严重的犯罪，仅仅知道犯罪的最高刑罚也是远远不够的。

三、专家证据问题

近些年，越来越多的案件趋向于使用 DNA 鉴定技术，许多犯

罪嫌疑人或者被告人看到专家证据之后便不再争辩，面对这一问题。我们仍然要进行分析。

专家证据在刑事审判中的作用不容忽视，不过同时也容易引发一系列的争议。由于专家证据也可能引发冤假错案，因此，专家在法庭上向法官与陪审团提交的证据必须具有一定的确定性。在英国，作证者必须有能力提供公平、独立的观点，而不是随意找到一个专家，并完全听信于他。专家必须主要对法官负责，而并非对请其作证的人负责。英国法律委员会正在研究这一问题，相信在不久之后就能有所成就。

专家证据应当把握以下几个原则：

1. 存在有争议的科学证据，因为专家也可能会犯错。

2. 除非专家从事的是 DNA、指纹之类的证据鉴定，对其余一些证据，法官都应当小心谨慎地对待。

3. 为了正义，一个专家必须对法院和当事人说真话，也应当说出业已存在的，任何与其观点不同的观点。

4. 专家鉴定在控辩双方之间的地位应当是对等的。

四、其他相关问题

下面说一下公众舆论的问题。在英国废除死刑的时候，绝大多数人是表示反对的，几乎所有的法官都认为我们需要死刑。但 50 年后，却没有人对死刑表示支持。可见，公众舆论会有全面的变化的，这种变化甚至也可能非常迅速。

如果有人认罪，将会如何处理呢？我们认为这是一个重要的因素，可以减轻 1/3。但如果直到最后才认罪的话，减的就非常少了，可能只有 1/10。不过，这里面不包括谋杀罪。对谋杀罪而言，最终认罪与否并不影响量刑。

不是穷凶极恶的罪犯触犯了最严重的犯罪该如何处理呢？我们认为，不能将他们等同于那些穷凶极恶的犯人，应当关押在不同的监狱里。在英国，不同的监狱关押不同的犯人，如甲级监狱关押惯犯，乙级监狱关押不太会惹太多麻烦的犯人，接下来就是丙级、丁级监狱。因此，他们并不一定非要关在甲级监狱中，而是可以允许在监狱中走动，甚至周末回家等。对于那些不是非去监狱不可的罪犯，我们还有其他的替代方法，如缓刑、社区服刑等。对于精神上有问题、酗酒、吸毒的犯人，也要进行特殊处遇，以克服其再犯的可能性，比如教导他们如何控制愤怒等。总之，我们既要通过监督、管理促使犯人改过自新，避免重新犯罪，还要帮助他们重新回归社会。

专题 III

具体犯罪案件的死刑适用

十二、故意杀人罪和 故意伤害罪的死刑适用

高憬宏

【专家简介】　高憬宏，男，法学博士，2010 年 2 月起任国家法官学院党委书记、院长。系国家社会科学基金学科评审组专家、全国审判业务专家评审委员会委员。中国法学会理事，中国法学会刑事诉讼法研究会常务理事，中国法学会审判理论研究会常务理事，中国法官协会理事。武汉大学、国家检察官学院等高校兼职教授，北京师范大学死刑研究国际中心、死刑改革研究中心咨询专家，中国政法大学刑事法律研究中心、恐怖主义与有组织犯罪研究中心特约研究员等。1985 年 8 月进入最高人民法院，曾任研究室刑事处副处长、副局级审判员、最高人民法院审判委员会秘书。1998 年 11 月任最高人民法院刑事审判第一庭副庭长、最高人民法院少年法庭指导小组成员。2005 年 7 月任最高人民法院刑事审判第三庭庭长，2006 年 6 月任最高人民法院审判委员会委员，兼任全国打黑办副主任、最高人民法院打黑办主任。

故意杀人罪和故意伤害罪的死刑适用问题，主要可以从两个大的方面展开：一个是实体方面，即如何把握死刑案件的政策和适用法律问题。另一个是程序方面，即死刑案件中应该注意哪些问题。在实体方面，最高人民法院下发了《关于正确审理故意杀人、故

意伤害犯罪的适用死刑问题的指导意见》，以此意见为基本，本文主要分为以下几个部分：（1）审理死刑案件的基本要求，尤其是对可能判处死刑的故意杀人案件的审理；（2）故意杀人犯罪中应当注意的问题；（3）故意伤害罪中应当注意的问题；（4）其他一些问题，如共同犯罪、自首立功、民事赔偿等问题。

一、审理死刑案件的基本要求

死刑案件中，故意杀人案件所占比例较高。所占比例最高的前三类案件分别是故意杀人案件、抢劫案件和毒品犯罪案件。其中，故意杀人案件占 50%，抢劫案件占 25%，毒品犯罪案件则占 10%。可见，抓住故意杀人案件审理的基本要求，就等于抓住了审理死刑案件的主要矛盾。审理这类案件的基本要求主要如下：

1. 重申死刑政策——保留死刑，严格控制死刑的数量，慎重适用死刑。

保留死刑是由我国的国情所决定的。大量调查数据表明，绝大部分民众反对废除死刑，而是认为应当限制死刑。毕竟，死刑已经在我国存在了 4000 多年，各个朝代的刑律中基本上都有死刑，老百姓对死刑最简单、也是最朴素的认知，就是杀人偿命。新中国成立以来，在民众的观点里，死刑是惩罚犯罪、安抚被害人、维护社会正义的必要手段。一旦案件不判处被告人死刑，被害人就认为执法不公，上访情况非常严重。但是，我们的努力方向，或者说最终目标是废除死刑。中国是开放的大国，引领着世界的潮流，不可能不在死刑问题上向前推进。国际公约积极主张废除死刑，在没有废除死刑的国家和地区，死刑也只能适用于最严重的犯罪。在全球废除死刑的浪潮中，每年都有 1 ~ 3 个国家走上废除死刑的道路。而且，虽然死刑改革与国家发达与否存在一定的关系，但不是必然的关系，还要受到宗教的、历史的、文化的等各种观念的影响，有的不发达国家也已经废除了死刑。我国刑法条文中，一共规定了 68

个死刑罪名，现在，我们正在考虑把这些条文的数量删减下去。诚然，死刑的积极作用很大，但应该看到它的消极作用，它造成的威慑力并没有我们想象中的那么大，认为死刑包治百病是不合理的。刑罚的威慑力，主要体现在刑罚要及时、必要、适度，而不是主要取决于其严厉的程度。刑法的目的主要在于预防犯罪、减少犯罪，而不是单纯的报复和威慑。刑罚的轻缓化也是这两年的趋势，目前，死缓的数量已经大大超过了死刑的数量。在死刑复核权被最高人民法院收回后，死刑数量的减少并没有影响社会治安的稳定，反而促进了社会的和谐。国际社会也对我们的这一做法给予了高度的赞扬。况且，死刑的多少是由社会治安状况决定的。近三年来，命案的发案率逐年大幅度下降，没有必要过多地适用死刑。

2. 宽严相济。

宽严相济是基本刑事政策，是必须坚持的基本刑事政策。宽严相济强调三点：一是当宽则宽，一定要到位，这个很重要。很多同志过去受"严打"的思想影响比较深，一味地主张重刑，甚至死刑。当然，在特别时期，对特别犯罪应当进行特殊的对待。但对于整个犯罪而言，通过教育转化把可以挽救的对象挽救回来，能够促进社会的和谐与稳定。二是当严则严。对于严重危害社会的犯罪，该严厉的时候一定不能手软，否则就是放纵犯罪。三是要相济，即要在"济"字上下工夫。我们审案子要和平、要合法、要合形势。要根据案件的实际情况并结合社会治安的情况进行审理，这二者是高度统一的关系，要宽以济严，严以济宽，宽中有严，严中有宽。宽中有严，如对于因婚恋纠纷引发的案件，一般处理的比较宽，但其中也有严的对象，比如因为感情矛盾杀害对方全家的。而严中也要有宽，如对于严重危害社会的暴力犯罪，也可能具有从轻减轻的情节，比如从犯、未成年人等，就应当从轻或减轻处罚。

3. 依法办事。

在死刑案件的审理中，不管媒体如何炒作、被害人怎样闹访，我们都必须坚持以事实为根据，以法律为准绳——这是法官的根本要求。不管从实体上还是程序上，都必须坚持刑法的基本原则——罪刑法定原则与罪责刑相适应原则。对于媒体，应当听取他们的正确的观点，虚心接受意见。但是，法律是最大的民意，法律是代表人民意志的文件，我们要把当事人部分的诉求当成民意，严格依法独立审理案件。

4. 讲求效果。

我们要讲求法律效果和社会效果的统一。法律效果是前提，没有良好的法律效果，就没有良好的社会效果。但反过来说，孤立办案是无法体现好的社会效果的。最近重庆的"打黑"案件，一依法，二公开，取得了很好的社会效果，值得大家学习借鉴。

二、故意杀人罪的死刑适用标准问题

关键是要区别性质、区别情节、区分后果、区分罪过。

性质问题：要从刑法总则和分则两个方面来看。总则是关于死刑适用的总原则，死刑只能适用于罪行极其严重的犯罪。至于分则角度，根据案件的类型，一般可以分为严重危害社会治安的暴力犯罪、暴力恐怖犯罪、毒品犯罪等不同犯罪。即使案件性质相同，也可以细分为严重扰乱社会治安的暴力犯罪或是因民间婚姻家庭纠纷引发的暴力犯罪。对后者而言，一般都具有自首、从宽处罚情节，应当尽量不判死刑。而暴力恐怖组织、黑社会性质组织、以报复社会的目的杀人、雇凶杀人、冒充军警人员杀人的犯罪嫌疑人，则是从重打击的对象。

情节问题：我们应当区分哪些犯罪情节属于从重情节，哪些属于从轻情节。对于具有暴力抗法、以特别残忍手段杀人、在实施其他犯罪后又杀人灭口的，是从重情节，一般应当判处死刑。对于情节一般的，如激情犯罪、得到被害人谅解的，具有法定从轻情节等的，一般不应判处死刑。

后果问题：犯罪没有造成死亡后果的，一般按照法律规定从轻处罚。但是，对于造成一人死亡、重伤，有法定或是酌定情节（如被害人的过错，被告人的悔过赔偿情况等），手段一般，人身危险性不是很大的犯罪人，一般都不判处死刑。而主观恶性特别大或后果特别严重的，如采取泼硫酸或者肢解的方式，为获得他人器官实施杀人或伤害行为的，造成多人死亡，或者是有死亡有多人重伤情节的，一般要考虑判死刑。

首先，要注意区分罪过，包括动机、目的、悔罪表现等。对于主观恶性较大、杀人动机卑劣的，如因奸情泄露而杀人，丈夫长期虐待施暴、杀害妻子的，就不能不在判处死刑时加以考虑的。再如，杀害生意场上的竞争对手，谋杀恶意连捅几十刀的，都是主观恶性较大的。而激情杀人如酒后双方争着买单，一方认为丢了面子然后捅刀子的，不能判处死刑。还有基于愤怒、羞辱或被害人具有严重过错的，也不适宜判处死刑。其次，要考虑犯罪人的人身危险性，再犯的可能性，以及刑事责任能力。这里有个案例，一位68岁的老人在早晨喝酒后，突然产生了性冲动，在酒精的刺激下，来到远房亲戚家对人家儿媳妇实施了强奸行为。而被害人因为半身不遂，无力反抗，并在强奸过程中死亡。考虑到这位老人的具体情况，这个案子最终没有判处死刑。还有对于年满18周岁的犯罪人，虽说法律规定可以判处死刑，但如果被告人刚满18周岁的，差两天就生死两重天，我们执法要不要那么机械呢？现在都是独生子女，儿女死了，对父母的打击是致命的，对刚刚成年的被告人，我们还是要加以考虑。至于被害人事后谅解的问题，对于合理的诉求，我们要辩证地对待。一位被告人一直赡养重病的老人，十分孝顺。但是，久病床前无孝子，在巨大的生存和精神压力下，被告人实在支持不下去了，先杀死了两个老人，然后准备自杀。他的两个哥哥都主张对他不判处死刑。我也主张不判处其死刑——对被害人的谅解应当给予充分的尊重，对于强烈要求杀人偿命的，也要理性分析，客观对待。

三、故意伤害致死、致伤案件的死刑适用标准问题

对于故意伤害致死的案件，要充分考虑案件的起因，被告人的动机、目的，作案工具及作案后的心态，进行综合判断。聚众斗殴、执械互殴、黑社会性质组织打斗、报复竞争对手、排除异己，还有公务人员为了升迁而排除异己等，都是比较严重的情节。对于其他因民间纠纷而引发的案件，同样也要考虑前因、过程和行为人的年龄情况。相对而言，故意伤害案件的死刑标准应当比故意杀人案件更高，更严。在"崔英杰故意伤害案"中，崔英杰用刀杀害了执法人员，但并没有被判处死刑。理由就在于：首先，城管人员执法不规范，对冲突的起因负有一定的责任；其次，崔英杰这类人是弱势群体，三轮车被没收将使他的生活雪上加霜，因此，他是在情急之下做出伤害的举动。由此可见，死刑案件的犯罪原因很重要，很可能犯罪是由社会原因引起的。崔英杰案中，执法人员执法不公所引发的后果，不能让被告人一个人承担。

对于故意伤害致残、致伤的案件，主要要考虑情节是否严重。对被害人造成严重残疾（2级到1级）的，向被害人泼洒强硫酸的、砍掉他人手脚的、致多人残疾的、泄愤报复的、故意伤害儿童的、还有采用诸如挖眼睛等手段令人生不如死的，令人发指，都属于情节特别严重。对于毁容案件而言，则要看情节是否特别恶劣。

四、共同犯罪的死刑适用

多人共同犯罪致一人死亡的，不能对多人都判处死刑。我们处理这类案件原则是一命抵一命，务必做到罪责刑相适应。有的法官的观念没有转过来，认为倘若多名犯罪人无法区别主从犯，就都是作用相当，责任相同，应当全部判处死刑。但是，如果作用相当，罪责都不至于判处死刑的，就都不能被判处死刑。这是一个理念的

问题。此外，即使都是主犯，不同的犯罪人之间也总有差别，比如年龄差别等，总是能够进行区分的。下面，简要谈一下共同犯罪案件中死刑适用的几种情况。

1. 共同犯罪致一人死亡的，对于罪责最大的主犯而言，如果存在法定情节导致其没有被判处死刑的话，就不能把罪行相对较轻的主犯升格判处死刑。

2. 共同犯罪人作用相当，从而导致罪责难以分清的，应当慎用死刑。如果真的要判处多人死刑，也要考虑各人的人身危险性，要审慎决定，留有余地。

3. 家庭成员共同犯罪的，尽量避免判处一个家庭两名以上成员死刑。毕竟判处死刑不仅仅是被告人一个人的事情，还可能会株连无辜。比如父母都被判处死刑了，孩子怎么办？还有，现在的孩子基本上都是独生子女，杀了他们，对父母的打击将是非常巨大的，导致其将来没有儿女赡养，在判决时也是要慎重考虑的。

4. 在有同案犯在逃的死刑案件中，在逃犯的往往是主犯。如果证明在逃犯是主犯，对于到案的从犯就不能判处死刑。如果不能判断在逃犯是主犯还是从犯的，在判决时也应当留有余地。

五、雇凶案件的死刑适用

我们认为，对于雇凶杀人的案件，一般应对雇凶者判处死刑。理由主要在于：

1. 在一些情况下，雇凶者不仅雇用他人犯罪，还共同实施犯罪，是最严重的主犯。

2. 对大多数雇凶者而言，其虽然没有实行犯罪，但他是策划、指挥、组织者，主观恶性较大，应当承担主犯的责任。

3. 如果是雇用未成年人实施犯罪的，也应当判处雇凶者死刑。

4. 受雇者的责任比较分散。

当然，以上论述并非绝对的，受雇者也完全可以成为主犯，这主要表现为两种情况：第一，雇凶者只是提供犯意，而受雇者在犯意的产生、强化中起到了重要作用，并在实施犯罪的过程处于较强的支配地位。第二，受雇者明显超出了授意意图，实行过限。

六、自首立功情节与死刑适用

对于存在上述法定情节的，应当依法从宽处理。但是，不同的自首、立功情节，其含金量是不同的，对量刑的影响也不同。大毒枭掌握的线索肯定较多，他揭发的越多，逃避法律追究、逍遥法外的几率就越大。因此，对于共同犯罪中，主犯交代从犯犯罪事实的，不能轻易认定为立功，而应当要求其交代有实质上的价值。我认为，以下情况值得大家讨论：

1. 逃跑过程中被人识别并稳住，没有逃跑，也没有反抗，直到被公安人员抓获，但在被抓获的过程中存在拒捕行为。对于这种情况，不能作为自首处理，理由在于行为人没有自动投案的愿望，到最后无路可逃，迫不得已投案。

2. 委托别人打电话给他投案，但被委托人没有打这个电话。我认为，这种情况可以考虑为立功。既然准备投案的，都可以构成自首，那么明确地告诉别人帮助自己投案的，更应当构成自首，这就是有利于被告人的解释。

七、赔偿与死刑适用的关系

1. 赔偿损失减少了社会危害性。毕竟，赔偿反映了被告人的悔罪态度，使得其人身危险性减低。当然，赔偿主要还是运用于民事纠纷，对于严重影响社会治安的黑社会犯罪、恐怖犯罪等，最好不要搞什么赔偿。当然，也不能绝对化。

2. 作为法官，要发挥积极作用，做好当事人双方的调解工作，从而减少死刑适用。这里面还是大有文章可做的。

3. 对于死亡赔偿金和残疾人赔偿金，被告人有能力赔偿的，也要考虑执行。当然，要给老百姓讲清楚，这不是拿钱买命。

八、程序问题

（一）证据的审查

要重点审查与重要证据相关的事实。对于证明关联性本身证据的审查，必须引起重视。

1. 重点审查客观证据是否已经依法提取，提取程序是否合法。证据不但要来源清楚，提取也必须合法，要避免收集、提取固定证据链存在问题。

2. 重点审查已提取、应当鉴定的重要物证是否已经被鉴定。我们现在存在的主要问题，在于往往只重视检验结果而轻视检验过程，应当加以改进。

3. 重点审查现场勘查是否详细、规范。

4. 重点审查是否已经组织辨认，辨认是否规范。

（二）间接证据与口供

靠间接证据定案的，需要特别慎重；主要靠口供定案的，也必须特别慎重。间接证据只能靠推理，但任何事物都有例外，都有其特殊性。因此，仅有间接证据，而没有客观证据、直接证据的，判处死刑要特别小心。此外，别的证据不是很充分，即使被告人一直承认的，也要慎重处理。因为被告人的口供的来源可能存在问题，要看先供后证还是先证后供。最后，我们还要特别重视律师的辩护意见，注重被告人的辩护意见。以前那种轻辩方证据，重控方证据的做法，是要不得的。

（三）证明标准

死刑案件的证明标准应当区别于一般刑事案件的证明标准，应当是最高的标准。按照英美法的理论，就是排除一切合理怀疑的标准；按国际公约来说，就是要求确定无疑的标准。涉及从轻减轻的一般标准，则采用优势证据标准，必须提供可供查证的线索。而证明证据合法性的责任，则在于控方。

（会务人员根据现场记录整理）

十三、毒品犯罪的死刑适用

高贵君

【专家简介】　高贵君，男，最高人民法院刑事审判
第五庭庭长。2002 年任最高人民法院审判监督庭副庭长，
2005 年 8 月任最高人民法院刑事审判第五庭庭长，2006
年 6 月任最高人民法院审判委员会委员。

大家下午好，很有幸能够参加本次研修班。我在这里给大家介
绍下毒品犯罪死刑适用的一些相关问题。

一、我国目前的死刑适用标准问题沿革

我国目前保留死刑，但是严格控制。目前的刑事政策、死刑政
策，应该是严格控制，慎重适用。严格控制呢，是从整体的把握
上，对死刑适用的规模加以严格控制。慎重适用，是指在每个案件
的处理之上，都必须严格依照法律，慎重地决定是否适用死刑。

在 2007 年 1 月最高人民法院收回死刑核准权之前，毒品犯罪
的死刑核准权曾经由最高人民法院和部分高级人民法院共同行使，
主要是因为这些省份毒品案件数量比较多，而且最高人民法院当时
人力有限。尽管法律规定是统一的，但在每个案件是否适用死刑
上，各个地区还是有一定的差别的。因此，当时各个省所掌握的毒
品犯罪案件的死刑标准也是有比较大的差异的。以海洛因为例，有

的地方是走私、贩卖、运输、制造 500 克以上就可以适用死刑，有的地方则是 200 克，甚至 100 多克也有适用死刑的。因为当时的死刑核准权是分别行使的，这些地方的案件就不用报最高人民法院复核。2007 年 1 月收回了死刑核准权之后，情况就发生了很大的变化。最高人民法院收回死刑核准权的目的，一是要严格死刑适用的标准，减少死刑的适用；二是要实现死刑适用标准的统一：一个国家的法律必须是统一的，在适用死刑上也必然是一个标准，不能云南省一个标准，甘肃省又是一个标准。但当时各地采用的标准是不一样，如果马上就要统一适用一个严格的、刚性的标准，搞一刀切，完全不考虑多少年来各地的差异，也有问题。各地会不适应，需要一个过渡时期。在收回死刑核准权之初，最高人民法院针对各地死刑标准差异比较大的情况，一方面是要承认这种客观差别，要实事求是地看待这种差别；另一方面是要逐步地改变各地标准不统一的问题。应该说，经过不断的沟通、指导，各高级人民法院就逐渐了解了最高人民法院毒品犯罪适用死刑的标准，也就趋向统一了。

现在各地都要求最高人民法院能够给出一个很具体的适用死刑的数量标准，但就目前而言，时机还很不成熟，因为每个案件千差万别，要根据具体情况决定是否适用死刑。但是，大体上还是有一个标准的，是 500 克海洛因。在 500 克以上，是可以考虑适用死刑的，但不是说只要达到了 500 克就应当适用死刑的。麻古从成分上来讲，是含量比较低的甲基苯丙胺，其适用死刑的标准就应该更高了。麻古 1000 克以下的，就没有适用过死刑。这里面就有一个数量标准和情节标准如何统一的问题。应该说，毒品犯罪判处什么样的刑罚，数量是一个主要的依据，但不是唯一的标准。一个案件是否要适用死刑，不仅要考虑其走私、贩卖、制造毒品的数量，还要考虑危害后果——是否流向社会，还要考虑被告人的主观恶性和人身危险性——是不是再犯、累犯，平时表现如何，犯罪的动机是什么，这些情节都要放在一起综合考虑。对于数量已经达到可以判处死刑的标准，而被告人又具有一些法定或酌定的从轻处罚情节的，在实践中是可以不适用死刑的。反之，对于毒品数量刚刚达到，甚至接近判处死刑的标准，由于被告人具有一些法定的从重处罚情节，也可以适用死刑。

二、毒品犯罪判处死刑和不判处死刑的标准

（一）可以不适用死刑的情况

1. 数量不是特别巨大，具有自首、立功等法定从宽情节的。什么是"特别巨大"呢？一般掌握上，应当在 5000 克以上，甚至数万克。如果没有这些情节，那是肯定要适用死刑的。

被告人被查获时，被查获的毒品数量没有达到可以被判处死刑的数量标准。如被告人到案后主动交代了尚未被司法机关掌握的其他毒品犯罪，累计数量超过了实践当中判处死刑的标准。实践中，被告人交易时随身携带的毒品数量可能不是很大，被抓获后有些态度比较好的，会交待，我家里、我朋友家里还有毒品；或是我以前还曾经贩卖过毒品，也经查证属实。这时候数量累加起来就比较大了，是可以适用死刑了。但这时候被告人认罪态度比较好，主动交代了公安机关尚未掌握的罪行，应该从轻处罚，无论数量多大，都不能判处死刑。不能因为他主动交代了，反而加重了他的刑罚。这无异于鼓励他被抓获后咬紧牙关，死不交代，不利于打击犯罪。

2. 查获的毒品经鉴定含量比较低，或是大量掺假之后数量才达到可以判处死刑的标准的。这类案件在实践中也是很多的，以海洛因为例，凡是在云南省等边境地区，查获毒品的含量都是非常高的，经常在 70% 以上。但是毒品几经周转，到达吸食者手里之后，含量都不是很高。真正在市场上零包贩卖的海洛因，其含量也就是 10% ~ 20%，很少有高纯度的海洛因。有的犯罪分子在被查获的时候，随身带着的除了毒品以外，还有毒品添加剂，通过这些物质，他可以把 200 克毒品变成 1000 克毒品，一下子增加了 4 倍。不过，

这种掺假应该说是正常的，不是我这里所说的大量掺假。根据国际上通行的标准，海洛因的含量达到 25% 的，就视为纯品。最高人民法院也曾经出台过一个意见，说海洛因按照 25% 的标准进行折算。我们这里讲的大量掺假，是指毒品的含量在百分之几，甚至百分之零点几这种情况。曾经有一个报最高人民法院复核的案件，毒品的形状是糊状的，颜色是褐色的，经鉴定，其海洛因含量只有百分之零点几，实际上并没有多少。这种情况下就不能适用死刑。尽管 1997 年刑法修正了关于纯度折算的这一规定，但从最高人民法院来讲，从来都要考虑毒品含量，在适用死刑的毒品案件上，必须要考虑毒品含量。判处死刑的毒品案件，必须进行含量鉴定。

3. 犯意引诱。如果是犯意引诱的，是绝对不能适用死刑的。还有一种是数量引诱，即由于秘密力量的介入，所贩卖的数量增多。即便数量已经达到或远远超过判处死刑的标准，但由于是因为使用秘密侦查手段的而增加的，也不能判处死刑。

4. 以贩养吸。现在很多从事毒品犯罪的人，往往是以贩养吸。因为毒品的价格是很昂贵的，一般人财力有限，是没有办法支持他长期吸食毒品的。所以，他一边贩卖毒品，一边拿赚到的钱买毒品供自己吸食。比如他买了 50 克海洛因，卖掉 40 克，自己吸掉 10 克。如果查获的数量刚刚达到或超过判处死刑的标准，那么一般是不能适用死刑的，因为其中有一部分是供他自己吸食的。毒品数量的认定上，有这么一个原则：对于以贩养吸的被告人，他自己已经吸食掉的毒品，是不计算在他的贩毒数量内的。但是还有一个原则：即使你是以贩养吸的，查获的毒品数量也应当认定为他贩卖的毒品数量，而不能再排除其用于吸食的数量。所有毒品案件，在数量计算上都是这么计算的——只要查获你是贩卖毒品了，那么无论你在家中还是在哪里的毒品，都全部认定为贩卖毒品的数量。

但这里面也有一个问题，已经吸食掉的不计入数量，没有吸食的要计入数量，要是查获的时候恰好计入数量了，但他本身确实是吸毒者，而且辩解其确实有一部分是准备用于吸食的，那你就必须考虑其实际情况，看这里面是否有一部分是他用来吸食的。

5. 毒品数量刚刚达到实际掌握的判处死刑的数量标准，被告人确实是初次犯罪即被查获的。有两点需要考虑：一是被告人是初犯，其主观恶性不是很深；二是毒品已经被查获，毒品还没有流入社会，还没有造成实际的危害。在这种情况下，我们在实践当中也不能适用死刑。

6. 共同犯罪中的问题。如几个人共同贩卖毒品，数量刚刚达到或超过判处死刑的标准，各个被告人在共同犯罪当中的作用也基本相当，或者是难以区分主从犯。共同贩卖的数量虽多，但分摊到每个人身上的绝对数量也不是很多。如果罪责很分散，难以区分谁的罪责大小，而且数量也不是很大，那么这种情况就不能适用死刑。

7. 家庭成员共同犯罪。这跟非家庭成员共同犯罪在刑罚的适用上还是不完全一样的，尤其在适用死刑上，差别更大。一般共同犯罪，有几个罪行最重的，就可以适用几个死刑。但如果是家庭成员共同犯罪，如夫妻两人、兄弟几个贩卖海洛因的，那就可能只适用一个死刑，即如果罪行较重的行为人已经被适用死刑了，那么其他罪行较轻的行为人就不能再适用死刑。这是我们多少年来所掌握的一个原则。这不仅仅是一个法律，还涉及刑事政策问题。就是说打击犯罪时还要考虑一个打击面的问题，打击范围不能太大。现在毒品犯罪家族化现象非常严重，有的父亲被抓了，被判处死刑了，儿子继续贩卖；丈夫被抓了，妻子继续贩卖；哥哥被抓了，弟弟接着贩卖……甚至一个村，一个乡，男人都出去犯罪去了。在这种情况下，如果对他们都适用了死刑，那么十几年下来，这个家族、这个村子就没有几个人能留下来了。而且一旦出现这种情况，就会引发这个家族、这个村子一个整体上对于现政权的仇恨。夫妻两个贩毒，你判一个，留下一个，至少孩子还有人照顾，他们对政府的怨恨也不会那么深。从我们政权讲，也不能对一个家族赶尽杀绝，这样的话会减少社会对立。我们在刑罚的执行上也应当有点人文关怀，不能只讲严刑峻法，而不讲人道问题。否则，社会上不会支持政府，而是会同情犯罪人。因此，尽管罪刑重，都重，我们也要想办法找出一个罪行较轻的人，不判处死刑。实际上，不仅是毒品，其他案件也是如此。只要不是非判不可的，就不能都判处死刑。

这里也要考虑一个相关联的问题，就是同居者。我们现在这个社会，男女两个人不结婚、不办理法定手续就在一起长期生活的越来越多。在我们办理的案件当中，也发现了不少这种案例，有的甚至生有子女，财产也是共有的。尽管不是夫妻，我们也把他们视为家庭成员，按照上述原则进行处理。

（二）可以适用死刑的情形

1. 具有毒品犯罪集团的首要分子、武装掩护、暴力抗拒检查或是参加国际有组织贩毒活动这些情节的，只要达到一定的数量，就可以适用死刑。实践中，不可能说贩卖 50 克，但有武装掩护就判处死刑。但大体上接近判处死刑的数量，同时具有上述情节的，就可以判处死刑。

2. 数量达到或者接近判处死刑的标准，但具有法定的从重处罚情节，如再犯、累犯等，尤其是毒品再犯，在实践中把握得非常严格。实践中，毒品再犯贩卖毒品 400～500 克被判处死刑，我们核准的不是一例两例。去年，我们核准了一个制造氯胺酮 10 千克的，按照我们的折算标准，正好是海洛因 500 克，再加上这是一种新型毒品，正常情况下是不可能判处死刑的。但是，被告人是毒品再犯，最终被核准了死刑。

3. 数量达到了判处死刑的标准，没有法定的从重处罚情节，但有很多酌定的从重处罚情节，如多次走私、贩卖、运输、制造毒品的，或是向多人贩卖毒品的，或是职业毒贩，或是共同犯罪当中主犯的。由于这些人的主观恶性比较深，人身危险性比较大，应当从重处罚，也可以适用死刑。

4. 毒品数量超过了我们实际掌握的判处死刑的数量标准，而且没有法定或酌定的从轻处罚情节。数量若是明显超过了判处死刑的标准，如实践当中贩卖海洛因七八百克，是应当适用死刑的。

5. 已经制成的毒品还没有扩散，数量达到了判处死刑的标准。现在国内制造毒品的犯罪已经比较多了。过去我国的毒品都是从境外进来的，但最近几年内地制造新类型毒品的犯罪越来越多，主要以新型毒品居多，如 K 粉等。很多案件中，毒品刚刚生产出来就被查获，还没有扩散出去，但如果数量已经达到了判处死刑的标准，是可以适用死刑的。如果数量特别巨大，则是应当适用死刑的。

6. 运输毒品的刑罚问题。

我国刑法中将运输毒品与走私、贩卖、制造毒品并列规定在一个条文之中，规定了相同的法定刑，是没有加以区别的。但是，十几年来我们逐渐认识到，受人指使、雇用单纯的运输毒品，和那种制造、贩卖、走私毒品是有很大区别的。在量刑上也应该加以区别。这次《刑法修正案（八）》也提出过，是否可以把运输毒品罪的死刑也废除。当然，现在的条件还不成熟，不排除将来有一天会废除。但我们要把握的一点是：不能把运输毒品和走私、贩卖、制造毒品等量齐观，而应加以区别。主要理由如下：

走私、制造毒品是毒品犯罪中的源头犯罪；贩卖毒品是将毒品直接地在社会上扩散，直接地流入社会；而单纯的运输毒品只是毒品犯罪中的一个中间环节，其社会危害性相对较小。

运输毒品是走私、贩卖、制造毒品的辅助行为。尽管刑法将这四种行为一并规定为选择性罪名，但运输毒品在整个犯罪过程当中起的作用不是主要作用，而是其他犯罪的一个必经环节。

从从事毒品犯罪的人员构成上来看，运输毒品的多数为受他人指使、雇用而运输的，多数是农民、边民或是下岗工人，很多是妇女。四川凉山就有一个特殊群体——怀孕或者在哺乳期的妇女，挺着大肚子或者抱着小孩运输毒品。这些妇女们之所以怀着孕，带着小孩去运输毒品，她的目的也仅仅是为了获得一点运费。前几年我们查过一个案件，贵州的十几个妇女运输毒品到云南，携带 1 克毒品只赚10块钱，一次下来也就不到2000块钱，她们为了这么一点钱铤而走险，而且很愿意去。这些人生活在社会的底层，经济条件都不是很好。我们毒品犯罪打击的重点不是这些人群，应该是那些为了获取暴利的职业毒贩、大毒枭。

对运输毒品和走私、制造、贩卖毒品加以区别，一方面有利于罪责刑相适应；另一方面有利于突出毒品犯罪打击的重点。刑罚的具体把握要注意以下几点：

对于有证据证实被告人确系被指使、受人雇用参与运输毒品的，即使他的运输毒品数量超过我们实践当中实际掌握的判处死刑的数量，因为他是从犯，可以不适用死刑。

运输的毒品数量不是很大，不能够排除被告人是受人指使运输毒品，也不能认定被告人是多次运输毒品的，对其量刑应当留有余地，原则上不适用死刑。主要是考虑事实认定问题。当然，很多案件，因为被告人也了解我们的死刑政策，知道受人指使运输毒品的，国家可能会网开一面，不适用死刑，都会进行这样的辩解。是否真实，需要我们在审理案件时进行认定。如果在证据上处于两难的情况下，定也定不了，排除也排除不了，就必须留有余地，不适用死刑。

运输毒品犯罪当中的组织者或者运输毒品犯罪集团的首要分子、职业毒贩、再犯、累犯，以及武装掩护、暴力抗拒检查，以运输毒品为业或是多次运输毒品的，其主观恶性非常大，在刑罚适用上应该和走私、贩卖毒品一个标准。我们就有一个组织十多个妇女运输800克毒品被判处死刑的案例。

被告人实际上是想贩卖毒品，为了贩卖毒品而运输，结果在运输过程中被抓获，还没来得及进入交易环节。这种情况下，认定他是贩卖毒品的证据就很单薄，就应当认定他是运输毒品，这是他没法辩解的。尽管在定性上我们是就低认定了，但在适用刑罚上，只要法官内心确信其是在贩卖毒品的，适用死刑还是可以的。

运输毒品的数量特别巨大，比如上万克的，如果不能够证明被告人确系受人指使运输毒品，也不能证明他是初次参与毒品犯罪的，我们是可以核准死刑的。这里需要明确的是，受人指使和受人雇用这两个概念还是不太一样。有些职业运输的也是受人雇用，但不一定都是从犯。

三、毒品案件的立功问题

（一）立功从宽幅度的把握

在毒品案件中，常会遇到这样一种现象：大的毒枭掌握比较多的毒品线索，被抓获之后往往有很多的立功机会。有的毒贩被抓获后，他不断地检举揭发，构成了立功甚至是重大立功。在毒品犯罪当中角色比较低，如从犯啊、马仔啊，就很少有立功的机会。这就会造成一种量刑上的不平衡——有的案件主犯的量刑和从犯的差别不大，甚至有的案件主犯的量刑还要低于从犯的量刑。我们认为，对于毒品犯罪，决定立功从宽的条件主要在于被告人的立功是否足以抵罪，还要注意共同犯罪中犯罪人上家、下家之间的量刑平衡，尤其不能出现主犯的量刑轻于从犯的这种情况。要严格控制一些大毒枭的立功从宽幅度。具体来说，要把握以下几点：

罪行极其严重的被害人只有一般的立功表现，功不足以抵罪的，可以不从轻处罚。

如果大毒贩检举的是罪行同样严重的犯罪分子，或者协助抓获的是同案中的主犯，那么他的立功价值大，足以抵罪，原则上可以从轻或减轻处罚。

大毒贩协助抓获的只是从犯或马仔，功不足以抵罪的；或是对其从宽处罚会使全案量刑失衡的，就不应当从轻处罚。

如果从犯、马仔具有重大立功，对其立功从宽的幅度应该更大。

如果是罪行极其严重的犯罪分子，即使构成重大立功，也可以考虑不予从轻处罚。

（二）亲属代为立功的问题

一些毒品犯罪嫌疑人被抓获后，还是有一定的经济实力的，其家属也有经济实力来帮助被告人，如提供其他人的犯罪线索、帮助司法机关抓获其他犯罪嫌疑人等，希望以此来减轻被告人的罪责。这实际上是亲属为司法机关的办案提供帮助，不是我们刑法上所讲的立功。我们刑法上所规定的立功，其主体是被告人，是犯罪人，而不包括其他人。所以，亲属代为立功，不能视为被告人立功，不是对被告人从轻、减轻的法定情节。但是，由于其在客观上有利于打击犯罪，一般情况下会对被告人酌情从轻处罚。但对于这种情况，我们是不鼓励、不提倡的。

被告人亲属或他人获得犯罪线索后告诉犯罪人，或是犯罪人的同监犯人告诉被告人其掌握的犯罪线索，被告人检举揭发，最后查证属实的，是可以认定为立功的。但这种立功的价值不大，和通常的立功应当有所区别，从宽的幅度应当更小一点。

通过非法手段或途径传递他人犯罪线索给被告人，被告人检举揭发，经查证属实的。

之前很长一段时间，最高人民法院认为这种情况构成立功。但后来发现，一些看守所传递犯罪线索成风，甚至出现了买卖犯罪线索的情况，使得监管秩序非常混乱。从前几年开始，最高人民法院经过研究决定，这种情况不再视为立功。

四、毒品犯罪的既未遂划分问题

这是实践中经常遇到，但很难解决的问题。我国当前实践中所查获的毒品案件，严格从法律规定上来看，还都处于未遂状态。已经实施完毕的毒品犯罪，在实践中是很难被查获的。因此，这是一个两难的问题，我们在实践当中一直回避这个问题。全国判处的毒品案件，一般是不区分既遂未遂的。但在实践中的一些特殊情况，还是可以按照未遂处理的。例如：

贩卖假毒品的，构成不能犯未遂。

知道被告人携带毒资，准备购买毒品，但还没有找到上家，公安机关决定派秘密力量去接洽，使用公安的库存毒品和被告人交易，并将其当场抓获。这样一方面可以防止境内的资金流向境外，造成经济损失，还可以防止境外的毒品流入境内，给我国人民的身体健康造成危害。这种案件是在公安的控制下交付的，是绝对不可能实现的，也是不能犯未遂。

运输毒品中已经谈好运输价格，但被告人还没有拿到毒品，可以认定为未遂。但在实践中，由于证据不足，因此这种案件很难进入诉讼程序。

制造毒品已经购进了原料、设备，并开始着手制造毒品，但还没有生产出半成品或者初制毒品的，属于未遂。

（会务人员根据现场记录整理）

十四、重大毒品犯罪量刑情节的
分析与实际把握

郑蜀饶

【专家简介】 郑蜀饶，男，1951 年 11 月生于重庆市，河北望都人，1969 年 10 月加入中国共产党，1968 年 12 月参加工作，1979 年 11 月从部队转业后即到云南省高级人民法院从事刑事审判工作至今。西南政法学院法律专业、中央党校法学专业毕业，研究生学历。现任云南省高级人民法院党组副书记、常务副院长。

毒品犯罪的情节是量刑时需要重点考虑的因素。毒品犯罪的量刑情节和其他犯罪还是有所区别的，在某些情节上表现更为突出。我想先用一点时间，把我们实际工作中总结出来的毒品犯罪案件与其他刑事案件有什么不同，具有哪些新的特征，简要讲述、分析一下。

一、毒品案件基本特征的分析

首先，毒品犯罪是毒源地（即毒品的产生地）和毒品消费地之间的一种互动关系，毒源地和毒品消费地之间存在一种相互依赖、相互影响、相互刺激的关系。毒品的生产，就是为了消费。当有了消费市场以后，其生产才有意义。以金三角地区为例，之前 100 多年间，毒品的产量一直比较稳定，差别不大，为什么到了 20

世纪五六十年代突然有一个上升？而到了七八十年代有一个大幅度的上升呢？原因在于需求发生了变化。之前100多年，由于交通方式比较落后，毒品基本上都在当地消费，生产规模就不是很大；进入80年代之后，毒品通过中国，向其他很多国家进行扩散，由于吸毒人员的增加，从而导致了产量的增加。同样，随着其产量的增加，必然要找到更多的销售渠道，使得消费群体——吸毒者的人数越来越多，从三五万、十几万，一下子增长到几百万。知道了这个关系之后，我们可以由此得出结论：要重视戒毒，如果毒品的消费少了，那么毒品生产不需要你进行打击，自动就少了。这是毒品案件的第一个特征。

第二个特征是毒品的供给和消费之间的关系一旦形成，就非常密切，很难被破坏。当吸毒和贩毒风险增加的时候，经济规律中的价格杠杆会起作用，来维系或者保持这一供需关系。毒瘾是一种强烈的依赖。一旦吸上毒，毒品在其生活中就是第一重要的，其会为了吸毒而不惜倾家荡产。有人毒瘾发作，不惜采取偷、骗、抢的方法，甚至把自己母亲杀了，杀死后赶快从她的口袋中把钱掏出来买一包毒品，过了瘾之后再回来埋尸体。而且毒瘾一旦形成，单靠自身的意志是很难摆脱的，它一定要复发。不像普通商品，这次我买了，下次我可以不买；今天我用了，明天我可以不用，但毒品不行。当我们打击的力度大、禁毒投入多的时候，毒品犯罪的风险就增加，成功率降低，境外的毒品就会促销，境内的毒品也开始折价。所以说呢，寄希望于通过一两次"严打"或一段时间的严防严控，就使得毒品犯罪的这种关系断绝了、毒品来源没有了、毒品犯罪从此消失了，是不可能的。

第三个特征：毒品案件发生的总量，是由供需关系或者说市场关系决定的，司法机关破获案件的多少，对实际发生的毒品犯罪的总量没有什么直接的影响。不像盗窃案件，我们在一定时期内加大打击，抓获多个犯罪团伙，犯罪数量就会下降了。在2005年，全国死刑案件从整体上已经下降了，但云南省死刑案件反而上升了，主要是毒品案件，占所有死刑案件的70%。虽然加大了查处力度，但毒品总量并没有减少，表现在吸毒人员只要肯花钱，照样买得到毒品吸食。他买到买不到毒品的关键在于他找到找不到人，而不是找不到毒品。毒品死刑上升的幅度比其他案件下降的幅度还大，从而造成了死刑案件整体数量的增加。为什么毒品犯罪越打越多？从破案数也好，查获数也好，一年比一年多。原因在于供应和需求之间的关系没有断。我们打的只是中间接应的人，供应的人是以此为生的，有些人只要不种毒品，老婆孩子都活不了；需要的人是吸毒者，为了毒品，他们甘愿不吃不喝，甚至能把亲娘老子都杀了。只要这两头存在，不管我们在中间环节怎么打，犯罪还都会发生。

第四个基本特征：毒品犯罪个案的犯罪行为、犯罪情节和毒品犯罪所发生的严重社会后果并不一一对应。别的案件有具体的受害人，有明确的危害结果，而这一结果正是我们分析该行为是否具有社会危害性的重要客观事实。但毒品犯罪没有具体的受害人。你说具体一个案件中，我让谁身体受损？我又让谁倾家荡产？没有！我们谈起毒品的危害时，总是说毒品犯罪危害国家安全，造成千百万人家破人亡，后果多么多么严重，因此我们要严惩。但是具体案件中，这个毒品在我手上，我并没有卖出去，也没有人吸食到，不是没有任何的社会危害性吗？我们在分析这个问题的时候，要正确认识毒品犯罪的社会危害性。一个犯罪其结果体现出的社会危害性包括已经发生的，和可能发生的，包括有形的和无形的。刑法对毒品犯罪的犯罪构成进行规定时，就没有要求其具有直接的社会后果。包括我们在研究毒品犯罪既遂未遂的时候，我们常遇到的一个问题就是："贩卖"的既遂标准，是不是要求已经卖出去了？"运输"的既遂标准，是不是一定要运到目的地了？有学者从学术角度出发，提出了自己的观点。但我们认为，无论从法律的规定出发也好，还是从毒品犯罪的特殊危害性出发也好，只要实施了犯罪行为，就已经构成了既遂。关于这一点张军院长已经讲得很清楚了。毒品犯罪表现为从毒源地到需求地的流通，只要在这个流通环节中做了什么，都是既遂。就好像拐卖妇女儿童罪，只要从事了拐骗、绑架、收买、贩卖、接送、中转行为之一的，都是拐卖妇女、儿童罪既遂，并非必须把妇女拐卖到特定地点才是既遂。

第五个特征：毒品犯罪是最有可能在一定时期内将其消除掉的一种犯罪。我们身处在禁毒斗争的严峻形势下，具有神圣的历史责任感和使命感。杀人、放火、强奸、抢劫等犯罪肯定会在人类社会中长时间存在下去，但毒品犯罪则不然，这也是上述几个特点决定的。毕竟，毒品在我国曾经被禁绝过，这是已经被历史证明的。近几年我国的禁毒实践也已经证明了：毒品这个洪水猛兽，并非不可控制。当然，由于其蔓延的范围比较广，我们不可能期待马上控制住，但肯定有这么一天。我们可以采取替代种植，从源头上控制毒品来源；采取强制戒毒，根除毒品需求；同时加大控制和查处力度，等等。我们用一代人、两代人的时间为之奋斗，或许等到我们年老的时候，能够成为我国禁绝毒品的历史见证人。

二、毒品犯罪的重要量刑情节

对于重大毒品案件，特别是涉及死刑的案件，在量刑时有许多重要的情节需要我们法官在实践中加以把握。

(一) 毒品数量

我们经常说，毒品数量是毒品犯罪的重要情节，但不是唯一情节。我觉得这句话应该从另一方面加深理解：毒品数量虽然不是量刑的唯一情节，但毫无疑问是重要情节。对于毒品的数量，很多人没有一个明确的、量化的概念，听起来只是一个单纯的数字而已，但是，1 克海洛因可以供多少人吸食？50 人次！0.02 克就足够吸一次了。如果我们对此没有一个概念的话，肯定会想放在手中这么一小点毒品能算什么呢？我们不知道一丁点的海洛因对吸毒人员是多大一个诱惑！一小包海洛因可以供成千上万人吸食，这个数字有多么可怕！除了被查获的，肯定还有漏掉的毒品，总数量将会多么惊人！2006 年印尼查获一起贩毒案件，因查获 195 克海洛因而判处一名加拿大人死刑。后来，加拿大政府亲自向印尼领导人求情，希望不判处其死刑，但是未果。印尼总体回答道，195 克海洛因可以供几万人吸食很多次，如果全部卖出的话，将会害多少人！我们法官都是非常善良的，没有和吸毒分子直接接触过，这些数量对我们来说只是一个数字而已。一旦到了需要的人手里，它会害多少人！我曾经去红河戒毒所调研过，其中一个妇女是 20 世纪 90 年代的百万富翁，在那个年代是非常了不起的。自从染上了毒品之后，一天吸两到三次，不到几年时间，就把家产吸光了，后来靠卖淫来维持吸毒。好好算一算，她这一辈子这么多时间总共也不过吸了几百克。毒品数量不是纸上一个简单的数字，每一克都是很严重的。

我国刑法规定，"走私、贩卖、运输、制造鸦片一千克以上、海洛因或者甲基苯丙胺五十克以上或者其他毒品数量大的"，就可以被判处死刑，是不需要其他情节的，这和别的犯罪还是不一样的。有的同志经常拿贪污罪的法定刑和毒品罪的法定刑进行比较，说二者的量刑档次都是一样的。但是毒品罪仅凭数量都可以判处死刑，贪污罪必须加上情节严重才可以——"个人贪污数额在十万元以上的，处十年以上有期徒刑或者无期徒刑，可以并处没收财产；情节特别严重的，处死刑，并处没收财产。"很多和数量有关的犯罪，要判处死刑都要考虑情节。而在毒品犯罪中，毒品数量本身就标志着犯罪的严重危害性和后果。有些案件中，犯罪情节并不严重，但是毒品数量太大了，不得不判处死刑。当然，毒品数量也不是毒品犯罪中的唯一情节，还需要考虑别的因素。

（二）犯罪分子主观方面的情节

犯罪分子主观方面的情节反映的是犯罪分子的主观恶性和犯意坚决程度——即内心驱动力的大和小。这就是毒品犯罪为什么还规定了一个再犯。关于累犯和再犯的竞合问题，最高人民法院已经明确表态，大家都很清楚了，这里我就不再展开了。再犯从重一次，累犯再从重一次，相当于存在两次从重，在理论上可能存在争议。

但在实践中，我们可以把一些理论上的问题搁置起来。即使当成一个从重情节考虑，从重的力度也可以大一些。我们知道，原来有过毒品犯罪的人，再次参与毒品犯罪，经验就丰富多了，成功率高，归案后规避犯罪的手段也更多了。

对于以贩养吸的犯罪者：有观点认为其自己也是受害者，可以从轻。我坚持认为，以贩养吸的危害性也很大。不能说为了正常的生活需要或者物质享受去贩毒，处罚就重；而为了违法吸食毒品而进行贩卖毒品，处罚反而可以从轻。这些人为了要把毒品贩卖出去，就要拼命扩大自己的"经营范围"，使更多的人吸食。有些人吸毒就和搞传销一样，吸到一定的程度后没有经济能力进行支撑了，于是拉拢更多的人吸毒，从而为自己吸食毒品提供经济基础，社会危害相当严重。而司法解释也规定，多次向多人贩毒，应当作为从重处罚情节。

犯罪的动机、内在起因：和其他严重的暴力犯罪不同，毒品案罪在动机上好像没有太多的分别，就是图财。但是也不尽然。有个案子，丈夫因为犯罪被抓进去了，妻子想办法让他出来，但是钱不够，只能也去贩毒赚钱。被抓获后还进行辩解，说自己贩毒是为了赚钱给丈夫请律师、给法官行贿，把丈夫从牢里救出来，希望法官从轻处罚。我们说，作为被告人家属，不说你为了减轻被告人的罪责而积极进行赔偿、争取得到被害人的谅解，至少不能为此从事一个更严重的犯罪。

（三）具体犯罪行为方面的情节

毒品犯罪的社会危害后果的最终形成是要被人吸食。在被人吸食之前，毒品肯定要经过一个流通过程。而毒品的整个流通环节、过程都是被禁止的。犯罪嫌疑人突破这种禁止的手段的高明的程度，就是我们法官需要把握的其行为的严重程度。我们在现实中曾经遇到过这么一个案子。公安机关得到线报称有人运输毒品，结果把他的车拉到修理厂去大卸八块，但是根本查不到，行为人隐藏得太巧妙了。后来把行为人带到修理厂指认，他才告诉我们毒品是在哪里藏着的，这个位置一般人根本都不可能想得到。还有对提供毒品人员、接收和运送毒品的方式、路线的熟悉程度。我们这里有个案子，一个人把家里的房子卖掉，到境外买了2400余克毒品，带在身上回到家中。一直呆了半年时间，老是向别人兜售毒品，询问有没有谁吸毒。结果没有找到买家，于是买了一张去贵州的车票，把毒品装到保温桶里前往那里进行贩卖。在路上被检查人员发现。这个人自己带着钱到境外把毒品买进，然后自己带着毒品到贵州销售，毒品数量也非常大，但最后只判了死缓。为什么？因为是初犯，这个人犯罪的经验是大大的缺乏，就是受到点利益诱惑。真正贩卖的高手，我不需要花钱就可以把毒品给赊来，而且毒品在我手上的时间越短越好，毕竟这是查到了就可能掉脑袋的事情。因此越有能耐的毒贩，越不接触毒品，即使万不得已，在手上的时间也会很短的。这个人毒品在其手中停留了半年都没有卖出去，最后没办法去贵州卖。我们问你去贵州卖给谁，有没有渠道？他说他去找开长途车的司机，看那些脸色发黄的人、像是吸毒的去卖。一看就是个菜鸟。

还有一个案子。有个女的替几个人运输毒品。到了保山之后，她到车上找了一个出租车，跟司机说：我侄儿是禁毒队的，我从外地给他带了点东西，你帮我开到禁毒队去。到了禁毒队后，没有找到她侄儿。她又给司机说，我侄儿今天可能在路上稽查，你带我到附近的几个检查点去逛一逛，找找我侄儿。司机是本地人，知道那些地方经常设点检查，就带着她转了一圈，结果没有一个地方说她侄儿在的。后来她表示放弃不找了，坐车回到旅馆。最后，由于她摸清了情况，就找了一个没有关卡的地方通过。我们说，她犯罪是帮人带货，一分钱不用花，所得到的都是纯利润。就凭她到保山后的一系列侦查行为，肯定是一个老手，需要严厉打击。在实践经验中，简单地判定一个人究竟是一个毒品上老道的人，还是一个菜鸟、刚着手的人，有几个规律：越简单、不合常理地联系到货源的人，肯定是老手，他就没有一个找货的过程。货在手上停留得越短，甚至根本不接触货的人，往往都是有经验的。不可能放到家里头，也不可能放到我手上，任何环节你都抓不到我身上有毒品。从交接的方式上，大家越是互相不认识、不了解的人交接的，都是老手。打电话联系好在某一宾馆开一个房间，安排一个人将毒品放在那里；然后买家再派一个人前去拿回去，双方根本不见面。对送货人而言，我不知道我交给的那个人长什么样，甚至也不知道我打电话通知的是不是取货人。

（四）和共同犯罪有关

属于有组织、有分工的某一个环节上进行一个特定环节的犯罪行为。对这种行为的把握，一定要分析其是否是整个环节上的一环。有一个案子中，一个人在丽江呆了好几年，从来都没有直接接触过毒品，其任务就是根据老板的要求买飞机票，用哪个身份证号订哪个航班，别的什么他都不管。订好机票后，他只需要按照老板的要求把航班信息发送到某个手机号上，别的话也不多说。每个月都能得到一个非常可观的收入。他实际上是毒品运输环链条上的一个非常重要的环节。

三、毒品犯罪共同犯罪的主从犯把握问题

共同犯罪在毒品犯罪中比较常见，因为个人从事毒品犯罪的情况少之又少，基本上一个人是干不了的。在毒品共同犯罪中，有这么几个大的原则应该加以把握：

1. 买卖双方、托运人或承运人双方有时候并不一定是共犯。有时为了方便，可以放在一个案子中处理，起到一个证明的作用。这种区分有助于我们正确区分主从犯。

2. 共同犯罪主犯区分的意义特别重大。因为主犯要对全案负责，很多主犯对从犯还有一个要约和唆使的作用。一般而言，我们要把首先产生犯意的人查清楚，这些人一般都是主犯。不一定直接提供毒品，能够认识、能够提供毒品来源的人也非常重要，也是我

们在量刑时要考虑的重要情节。其次，还要考虑能够联系毒品买方的人、第一线的组织者等情况。还有一种情况：毒品的数量比较多，或者运输的难度比较大，毒品运输者又组织了几个人分工运输，或是受老板的吩咐带领几个人一起运输，起到了主要作用。一旦被抓获之后，就辩解自己是一个马仔。在通常情况下，如果是受人之托，帮人运输毒品，根据最高人民法院的司法解释和指导性精神，一般不能判处死刑立即执行。但这种情况下，由于组织他人实施犯罪，不应当进行同样的处理

四、其他相关问题

(一) 走私、贩卖毒品和运输毒品的关系

我认为，运输毒品不见得比制造、贩卖毒品的犯罪情节轻，也不认为运输毒品是依附于走私、贩卖毒品存在的。对毒品犯罪而言，运输在整个环节中起到的作用最大，是由运输能力决定毒品的生产能力。运输环节的难度比生产、贩卖毒品的难度都大，对毒贩来说，是风险最高、难度最大的一个环节。从公安机关的角度说，毒品如果不运输的话，就很难发现毒品，只有动起来才能够查获。即使能够监听到你们要进行毒品交易了，但是如果你们不使毒品上路的话，也难以实际查到毒品。运输的距离不同，运费也有很大差距，从境外运到边境城市，比较方便，运费也较低；运到昆明、大理等城市，运费就要增加；倘若运到广州等内地城市，运费就非常昂贵了。因此，运输的价格就是风险的价格，运费的差距就在于风险不同。可以这么说，毒品犯罪的多或少、毒品蔓延、扩散得快和慢，是由运输的人的能力来决定的。因此，运输毒品的社会危险性比制造、贩卖还严重。如果不运输的话，只能在本地流通。而且，不是产量促进运输，而是运输提高产量，金三角毒品这两百多年大发展的历史就是一个例子。自从国民党败逃的军队进入之后，由于其武装协助运输毒品，导致运输毒品的能力大幅加强，故而产量有

了一个明显的飞跃。毒品的社会危害性就是因为毒品扩散，毒品扩散了，吸毒的人就多了。运输毒品罪使毒品的扩散范围增大了，怎么能说毒品运输的危害小呢？从犯罪的主观性来讲，有人说运输的人都是小马仔，挣不了大钱，都是穷人。但是有很多贩卖的人，其获利不如运输的人多。因为贩卖的获利所获的是毛利，但运输所得的钱是贩卖的人支付给他的，是净得的。此外，贩卖的环节是一段一段卖的，被查获的风险是由老板承担的——老板允许运输者在运输途中为了避免被公安机关抓获而丢弃毒品，是运输毒品过程中的一条"行规"。毕竟，你损失只是一些毒品，而运输者可能会损失掉一条命，否则就没有敢干的了。根据调查，2006 年黑道上毒品的运费已经达到了 100 块钱 1 克（从境外到昆明）。你们说，对于敢于冒着掉脑袋的危险去从事的一件事情，其利润还会低吗？因此，我们不能够把运输行为的社会危害性看得太轻——就是运输行为促使了毒品的扩散。

（二）毒品犯罪案件中的"暴力拒捕"行为

毒品犯罪本身不追求人身伤亡的危害结果。单凭暴力抗拒这个条件，就可以判处其重刑，甚至死刑。有个案子，行为人 1 克毒品都没拿到手，但开枪打死三个人，最终被判处了死刑立即执行，最高人民法院也没有任何不同意见。对于携带武器掩护走私、贩卖、运输、制造毒品，但没有使用的，也应认为是武装押运，只是不一定都要判处死刑立即执行。

（三）毒品犯罪中的立功

其他犯罪的犯罪人，一般都不像毒品犯罪分子归案后有那么多立功的表现。越是从事毒品犯罪次数多的人，越是从事毒品犯罪时间长的人，立功的机会就越多。在一些案子中，犯罪行为人所检举的这些犯罪，是在其归案后发生的，他怎么会知道这个线索呢？这不能不令人怀疑。

（四）秘密力量介入的问题

审查一个案件中是否有秘密力量介入，关键是看秘密力量对这个案件介入是仅仅起到发现的作用，还是对毒品案件的发生起到了推动的作用。我们认为，即使案件有秘密力量介入，也并非都不可能判处死刑。而且，秘密力量和人民群众举报犯罪线索往往也难以区别。

（五）财产刑的完善

由于没有明确的被害人，因此对于毒品犯罪而言无法提起附带民事诉讼。这样一来，对毒贩财产的追究就成了我们司法机关自己的事情。根据刑法规定，贩卖毒品等犯罪是并处财产刑的。凡是毒贩的财产，都应该加以追缴。我曾经在基层调研过，发现一些村子里，吸毒者因为吸毒倾家荡产，几口人挤在一间破草房里，家徒四壁，十分可怜。而旁边就是贩毒者的住所，青砖大瓦房，亮亮堂堂，家具很齐全，还养了牲畜，生活很不错。虽然其被判处了刑罚甚至被执行了死刑，但其抱着"亏了我一个，幸福一代人"的想法，牺牲自己给家庭带来巨额财富。通过对比，这是很不公平的。因此，我们应当通过剥夺财产刑，使犯罪分子看到贩毒成本在加大，从而进一步遏制毒品犯罪。

（会务人员根据现场记录整理）

十五、毒品犯罪案件适用法律和
审查证据的若干问题

方文军

【专家简介】　方文军，男，最高人民法院刑事审判
第五庭法官。

就总体而言，我国目前毒品犯罪的现状是越打越多。前几年我
们评价毒品犯罪的形势时，用的词都是有所"好转"。但 2011 年
评价的时候，用的却是"遏制毒品快速蔓延的势头，确保毒品问
题没有成为突出问题"。

一、毒品犯罪的形势和特点

首先，国内外毒品犯罪的形势比较严峻。金三角、金新月地区
的毒品产量居高不下，当地很多老百姓除了种植毒品以外，就没有
别的什么谋生技能，当地军队、政府也对毒品交易进行扶持。当前
我国东北地区的毒品犯罪情况也比较严重。由于中国市场大，利润
高，有很多非洲、南美洲和南亚人在我国境内进行毒品交易。2010
年全国毒品案件立案 8.9 万件，同比增加 14.5%，审结 6 万件，
同比增加 1.5%。2011 年前五个月，全国的毒品立案数也已经超过
了 2.6 万件。毒品案件的链条特征比较突出，从而导致证据把握和
死刑适用面临不小的难题。

其次，当前毒品犯罪的一个突出特点是新类型的合成毒品数量

已经超过了传统毒品数量，吸食新类型毒品的人数急速上升。当然，滥用海洛因的人数还是多一些，不过新增毒品的吸食人群增长非常快。截至 2010 年，我国登记在册的吸毒人员已经高达 155 万，隐性的吸毒人员肯定还有很多。关键问题在于，毒品一旦吸食，就很难戒掉。以海洛因为例，强制戒毒一个月后复发的比例高达 80%，一年后复发的更是高达 88%。新类型毒品的滥用者主要是年轻人。现在有一些年轻人，彼此之间请客不再请吃饭、请唱歌，而是请吸毒，觉得这种方式更过瘾，更新潮。而且在吸完毒后抢着结账，这就给我们造成了一个认定上的难题——究竟是谁容留谁吸毒？合成毒品的吸食量以每年 60% 的速度递增，隐形吸食者可能是实际发现的 10 倍。据统计，吸食毒品者的平均年龄为 28.8 岁，其中 35 岁以下的约占 77%。而且，吸毒诱发的犯罪数量也在大幅上升。

再次，对易制毒化学品的替代品管理不到位。以麻黄碱复方制剂为例，有的人一下子购买了一个县一年都吃不完的数量，原因只能是利用其制造"冰毒"。还有的将麻黄碱复方制剂等化学品大量走私到国外。有一次我们在海关查到一个人的行李箱，都是已经将胶囊拆开的康泰克，如果单纯为了药用，就不应该把胶囊拆开，明显也是用来制毒的。有些人就是因为成吨成吨地走私、贩卖这些替代品，规避法律风险牟取了暴利，甚至身价上亿。

又次，司法打击并不能治本，而要靠社会综合治理。

最后，毒品案件的证据总量比较少，办案可能还要快一些。

二、毒品犯罪的相关司法文件

在司法实践工作中用得比较多的文件，主要有以下几个：2000 年最高人民法院《关于审理毒品案件定罪量刑标准有关问题的解释》、2007 年《关于办理毒品犯罪案件适用法律若干问题的意见》、2008 年《全国部分法院审理毒品犯罪案件工作座谈会纪要》（《大连会议纪要》)、2009 年《关于办理制毒物品犯罪案件适用法律若干问题的意见》,马上我们就要出台新的司法解释。

三、毒品犯罪的死刑适用

我们说,毒品犯罪死刑案件的政策把握,要在宽严相济内体现出从严的精神。具体而言主要有以下几个问题:

(一) 毒品的数量与死刑的认定标准

可以这么说,毒品数量是量刑的基准,但是还应当综合考虑毒品数量、犯罪情节、危害后果、被告人的主观恶性、人身危险性以及当地禁毒形势等各种因素,做到区别对待。量刑既不能只片面考虑毒品数量,不考虑犯罪的其他情节,也不能只片面考虑其他情节,而忽视毒品数量。对虽然已达到实际掌握的判处死刑的毒品数量标准,但是具有法定、酌定从宽处罚情节的被告人,可以不判处死刑;反之,对毒品数量接近实际掌握的判处死刑的数量标准,但具有从重处罚情节的被告人,也可以判处死刑。毒品数量达到实际掌握的死刑数量标准,既有从重处罚情节,又有从宽处罚情节的,应当综合考虑各方面因素决定刑罚,比较哪种情节更为突出,判处死刑立即执行应当慎重。

根据《大连会议纪要》,具有下列情形之一的,可以判处被告人死刑:(1) 具有毒品犯罪集团首要分子、武装掩护毒品犯罪、暴力抗拒检查、拘留或者逮捕、参与有组织的国际贩毒活动等严重情节的;(2) 毒品数量达到实际掌握的死刑数量标准,并具有毒品再犯、累犯,利用、教唆未成年人走私、贩卖、运输、制造毒品,或者向未成年人出售毒品等法定从重处罚情节的;(3) 毒品数量达到实际掌握的死刑数量标准,并具有多次走私、贩卖、运输、制造毒品,向多人贩毒,在毒品犯罪中诱使、容留多人吸毒,在戒毒监管场所贩毒,国家工作人员利用职务便利实施毒品犯罪,或者职业犯、惯犯、主犯等情节的;(4) 毒品数量达到实际掌握的死刑数量标准，并具有其他从重处罚情节的；（5）毒品数量超过实际掌握的死刑数量标准，且没有法定、酌定从轻处罚情节的。

这里着重说一下毒品再犯的问题。这个问题一度争议很大，当时的做法是按照再犯而非累犯处理。现在我们认为，对同时构成累犯和毒品再犯的被告人，应当同时引用刑法关于累犯和毒品再犯的条款从重处罚。对于前罪是重罪或者数罪的行为人，其主观恶性很大，从重的幅度可以适当大一些。我这里说一个案子，A第一次贩卖海洛因55克，第二次贩卖海洛因200克，最后在其家中还搜出了11克海洛因，要说总数并不是很大。但是我们发现，他在1995年就因为犯运输毒品罪被判处有期徒刑，执行8年后假释。但在2005年，其又因为犯走私毒品罪被判处有期徒刑15年，但是却在2006年被暂予监外执行，结果马上又犯贩卖毒品罪。可以看出，这个人屡次犯罪而不思悔改，以毒品犯罪作为其唯一的生存手段，主观恶性极大，同时构成累犯和毒品再犯，应当予以严惩。最终，其被判处死刑并已经执行。举这个例子就是为了说明，在具备其他严重情节的情况下，毒品数量少到何种程度就足以被判处死刑立即执行。

再举一个例子：A、B两人将1000克海洛因从广州运输到沈阳。其中一个人先前犯过流氓罪和抢劫罪，且属于毒品再犯，另一个人则没有这些从重情节。但最后两人都被判处并核准了死刑。本案中毒品数量刚达到适用死刑立即执行的标准，但由于是长途运输，跨省贩卖，社会危害性大，故均被执行死刑。

毒品数量达到实际掌握的死刑数量标准，具有下列情形之一的，可以不判处被告人死刑立即执行：（1）具有自首、立功等法定从宽处罚情节的；（2）已查获的毒品数量未达到实际掌握的死刑数量标准，到案后坦白尚未被司法机关掌握的其他毒品犯罪，累计数量超过实际掌握的死刑数量标准的；（3）经鉴定毒品含量极低，掺假之后的数量才达到实际掌握的死刑数量标准的，或者有证据表明可能大量掺假但因故不能鉴定的；（4）因秘密力量引诱毒品数量才达到实际掌握的死刑数量标准的；（5）以贩养吸的被告人，被查获的毒品数量刚达到实际掌握的死刑数量标准的；（6）毒品数量刚达到实际掌握的死刑数量标准，确属初次犯罪即被查获，未造成严重危害后果的；（7）共同犯罪毒品数量刚达到实际掌握的死刑数量标准，但各共同犯罪人作用相当，或者责任大小难以区分的；（8）家庭成员共同实施毒品犯罪，其中起主要作用的被告人已被判处死刑立即执行，其他被告人罪行相对较轻的；（9）其他不是必须判处死刑立即执行的。简言之，就是八种具体情况，加上一个兜底条款。

（二）运输毒品罪的死刑适用

我国毒品大部分是从云南省运往东部的。可以这么说，一个人运输毒品的能力，是评价其犯罪能力的重要指标。对于那些具备运输网络、组织严密、职业性的运输毒品犯罪分子，应该严厉打击。但对于那些为了挣取少量运费而被人雇用运输毒品行为的人来说，从生活的角度他们是值得同情的，无论从情感角度还是社会危害性的角度，都应该从宽处理，和那些自卖自运、指使雇用他人运输、集团运输、武装掩护运输的犯罪分子进行区别对待。如果确有证据证明属于偶犯、初犯、受人雇用的，可以从轻处罚，即使毒品数量超过实际掌握的死刑数量标准，也可以不判处死刑立即执行。不过这里我想提一点个人看法，即初犯和偶犯的性质是不同的。任何事物都有第一次，可能其今后还会从事很多犯罪，但不巧第一次就被抓了，仍然是初犯，这并不能说明其人身危险性就小。偶犯则不同，其表现为在通常条件下，行为人都不会实施犯罪行为，只是在特定的情境下，才实施了犯罪，主观恶性较小。偶犯犯罪行为的实施与否主要取决于社会因素，而初犯则在于自身。从这个角度来说，对初犯并不能像对偶犯那样，作为一个从轻处罚的理由。

我在这里举几个例子。毒品犯罪证据的链条特征非常明显，要是很长的话，就没有能力一直追溯到源头。

例1：警方在一个人乘坐的大卧铺客车内的太阳能热水器水箱

的夹层内，发现了毒品。但行为人一直辩解自己是受人雇用。当时，由于公安人员疏忽，没有查清这个情况，在理论上就不能排除雇主的存在。另外，行为人自己的身份也存在问题，最终也就没有核准其死刑。

例2：一个人运输了7000多克的麻古，在查获时一直说毒品是她三嫂子的，自己是受雇用而进行运输的。经查证，该人确有三嫂子，而且因为涉毒案发在逃，警方尚未将她抓获归案。由于不能排除其是受雇用的，最高人民法院也并未核准其死刑。

例3：一个人驾驶自己的小汽车，跨省长途运输毒品，其中海洛因1020克，甲基苯丙胺20克。对于他而言，虽然毒品数量不是很大，但是由于是自己独立驾车运输，被查获的难度加大、几率降低，且属长途运输，故而在政策上不用体现出从宽。

（三）共同犯罪与死刑适用政策的把握

根据修正后的刑法，对被判处死刑缓期执行的累犯以及因故意杀人、强奸、抢劫、绑架、放火、爆炸、投放危险物质或者有组织的暴力性犯罪被判处死刑缓期执行的犯罪分子，人民法院根据犯罪情节等情况可以同时决定对其限制减刑。如果毒品犯罪符合上述条件的，可以考虑适用，给犯罪嫌疑人留一条命。如果在共同犯罪中能够分清主从犯的，一定要区别对待，对罪责或者人身危险性更大的主犯或者共同犯罪人依法判处更重的刑罚。但是，我们首先一定要明确其是否构成共同犯罪。没有实施毒品犯罪的共同故意，仅在客观上为相互关联的毒品犯罪上下家，不构成共同犯罪，但为了诉讼便利可并案审理。举一个例子：A和B共同商量贩毒，B找到上家后买到毒品交给A，A再去找到买主卖出，同时付给B毒资和报酬。我们说，A和B并不是上下家之间的关系，而是成立共同犯罪。其中A雇用B买卖、运输毒品，作用最为突出，最终被执行了死刑。2011年没有核准死刑的几个毒品案件，主要反映出这么一个特点：在另一人尚未到案的情况下，现有证据难以认定行为人的作用在共同犯罪中是最大的，如果将其执行死刑未免不妥，因为容易导致死无对证。反过来，对于确有证据证明在共同犯罪中起次要或者辅助作用的，不能因为其他共同犯罪人未到案而不认定为从犯，甚至将其认定为主犯或者按主犯处罚。只要认定为从犯，无论主犯是否到案，均应依照刑法关于从犯的规定从轻、减轻或者免除处罚。

（四）立功与死刑适用

这个问题在《大连会议纪要》中已经得到了明确的说明。立功要立得确有价值。现实中存在毒品案件立功太滥的情况，对于非法获得的立功线索，应当从严把握，不能认定为立功。例1：一个人贩卖毒品6700多克，被抓获后检举了三次犯罪，均构成一般立功，但最终还是被核准了死刑。理由主要在于，其是毒品的上线，应当从严打击。而且，他是一个广东人，被关押在福建的看守所内，但却源源不断地提供立功信息，其来源不能不令人怀疑。最后，他的下线都被判处死刑了，从罪刑均衡的角度来看，他又怎能不被判处死刑呢？因此，我们认为，毒枭、毒品犯罪集团首要分子、共同犯罪的主犯、职业毒犯、毒品惯犯等，由于掌握同案犯、从犯、马仔的犯罪情况和个人信息，要想立功轻而易举，被抓获后往往能协助抓捕同案犯，获得立功或者重大立功。对其是否从宽处罚以及从宽幅度的大小，应当主要看功是否足以抵罪，即应结合被告人罪行的严重程度、立功大小综合考虑。还要充分注意毒品共同犯罪人以及上下家之间的量刑平衡。如果其罪行极其严重，只有一般立功表现，功不足以抵罪的，可不予从轻处罚。

还有一个例子：行为人运输了18千克海洛因，被查获时还发现其携带了枪支。后来，其主动提供信息，协助警方抓获了其上线A，构成重大立功；而A在到案后也具有立功表现，协助抓获了罪行极其严重的毒枭B，可以说他也有一份功劳。再加上其仅仅为了2000元的少量运费，系被雇用而从事运输，最后没有被核准死刑。

被告人亲属为了使被告人得到从轻处罚，检举、揭发他人犯罪或者协助司法机关抓捕其他犯罪人的，不能视为被告人立功。这是由立功的本质属性——亲为性所决定的。因此，行为人要想构成立功，必须依靠自己掌握的信息与线索，亲属只能起到辅助的作用。

最后提一点，对于自首和立功的从宽幅度应当区别对待，即自首的幅度应当大于立功的幅度。同样运输 1000 克海洛因，在不具备其他情节的情况下，自首的犯罪分子理应得到比立功的犯罪分子更轻的刑罚。这是因为自首是供述自己的罪行，立功是揭发别人的罪行；从道德上说，立功是损人利己的行为，其和自首有差别。

（五）秘密力量介入与死刑适用

运用秘密力量侦破毒品案件，是依法打击毒品犯罪的有效手段。我们说，秘密力量介入该用的时候就要用，但要规范，而不能无限扩大其适用范围。在实践中，纯粹的犯意引诱很少，数量引诱的案件很多。行为人本没有实施毒品犯罪的主观意图，而是在秘密力量诱惑和促成下形成犯意，进而实施毒品犯罪的，应当依法从轻处罚，无论涉案毒品数量多大，都不应判处死刑立即执行。行为人在秘密力量既为其安排上线又提供下线的双重引诱，即"双套引诱"下实施毒品犯罪的，处刑时可予以更大幅度的从宽处罚或者依法免予刑事处罚。行为人本来只有实施数量较小的毒品犯罪的故意，在秘密力量引诱下实施了数量较大甚至达到实际掌握的死刑数量标准的毒品犯罪的，也应当依法从轻处罚，即使毒品数量超过实际掌握的死刑数量标准，一般也不判处死刑立即执行。对不能排除"犯意引诱"和"数量引诱"的案件，在考虑是否对被告人判处死刑立即执行时，要留有余地。值得注意的是，在刑事诉讼法的修改草案中，专门增加了"技术侦查"这一节，体现了立法的进步。

（六）死缓限制减刑的适用

被判处死刑缓期执行的犯罪分子，如果同时构成累犯的话，原则上不应限制减刑。主要理由在于，我国刑法之所以进行这样的规定，主要是针对严重的暴力犯罪，目的是对被害人及其家属好做工作，在被告人未被判处死刑立即执行时给他们一个交代。因此，一定是原先应当被判处死刑立即执行的，而不是死刑缓期执行的，才能被判处死缓并限制减刑。当然，也不排除例外情况存在。

四、对证据的审查

毒品案件总体证据质量还可以，但是还要加强。和故意杀人、故意伤害、抢劫等犯罪不同，毒品犯罪一般不会打错人，只是存在打下去轻重的问题。下面简单说一下对下列几类证据的审查。

1. 破案经过

破案经过包含的信息量太大了，但是我国公安机关的重视程度却不够，往往写得非常简略，漏掉了很多细节。法官可以要求他们写得更全一点。

2. 客观性证据

我们当前总是缺少现场勘查笔录，往往用本身并不完整的破案经过来代替，并不妥当。

3. 毒品鉴定与称量

对于可能判处被告人死刑的毒品犯罪案件，或是可能大量掺杂掺假、成分复杂的毒品应该进行含量鉴定。对于含有两种以上毒品成分的毒品混合物，应进一步作成分鉴定，确定所含的不同毒品成分及比例。实践中存在的最大争议在于，对于数量巨大但含量极低的毒品，如含量在0.1%的，应当如何量刑？我们认为，应当严格依照刑法的规定，以实际查获的毒品数量认定，不过在办案时要算一下纯毒品大概有多少，就低判处15年有期徒刑。另外，对于查获时、鉴定时的称量，应当按照来源称，而不能按包装称，否则将影响个人实际涉案毒品数量的认定。

4. 身份的查证

少数民族的身份确实很难查清楚，在一审阶段查清最好。

5. 被告人供述

我国刑事诉讼法未规定沉默权。我们应当将打击犯罪与保护人权并重，找到一个适度的点，平衡二者之间的关系。当然，也不应过分依赖口供，还要适当提高科技水平。另外，应当重视细节，即使被告后来翻供，但是只要有不是他做的他就根本无法供述出的细节时，仍然可以考虑定案。在共同犯罪中，对于同案犯众多，却都一一供认，且在细节之处相吻合，并具有高度的个性化时，即使没有查到实物也可以定案。

6. 主观明知的认定

毒品犯罪中，判断被告人对涉案毒品是否明知，不能仅凭被告人供述，而应当依据被告人实施毒品犯罪行为的过程、方式、毒品被查获时的情形等证据，结合被告人的年龄、阅历、智力等情况，进行综合分析判断。具有《大连会议纪要》规定的十种情形之一，被告人不能作出合理解释的，可以认定其"明知"是毒品，但有证据证明确属被蒙骗的除外。但是，适用死刑仍然应当慎重。

7. 对立功的查证

我们说，自首是可控的，立功是不可控的。对立功的查证，往往没有那么容易。在行为人提供的线索下只能找到毒品，而不能确定犯罪嫌疑人究竟是谁的，属于没有"查证属实"，不能认定为立功。

（会务人员根据现场记录整理）

十六、欧洲大陆国家
刑事案件的赔偿体制

[葡萄牙] 莫妮卡·罗玛（Monica Roma）

【专家简介】　莫妮卡·罗玛（Monica Roma），女，国际公法专家，欧洲法律事务顾问与独立评论人。1991年毕业于里斯本大后从事法律职业。1994年至1999年间，曾任葡萄牙司法行政部法律顾问，葡萄牙驻联合国、经济与合作组织、欧盟等机构的代表顾问。2007年曾应邀到中国社会科学研究院讲学。其法学研究取得了丰硕的成果，发表了诸多著作。

　　法官在法治的维持过程中扮演着重要角色。刑事法律与普通公民生活的结合点就在法庭及其日常决策中。

　　国际法是刑事法律的一部分。在制定国内法和设计最适合自己国家的法律惯例和传统的时候，国家立法者必须考虑自己国家的政府已达成的国际条约和协定。但是，在某些国家，这一要求并不清晰或没有在宪法层面得到确认。在这些情况下，法官在恪守行政当局所承诺的国际义务原则中所扮演的角色将更加困难，但也更加重要。在作出判决的过程中，法官必须考虑平等、公正、均衡等原则及程序的正当性。公平判决是符合法官利益的；如果判决不公，司法体系将面临信任缺失的后果。

　　众所周知，如果普通公民觉得自己可以求助于可信任的法律时，他们应用法律的可能性就高，而不是通过诉诸暴力、示威、抗议或其他形式的非法活动来发泄不满。法官在工作中必须以国家利益为重，努力创造一个运作有效、公平公正且可信任的司法架构。这不仅有利于国家的发展，还有利于国家在国际舞台上树立更好的国际形象。

一、国际法与条约的适用

在国际法与国内法的关系上，人们普遍认为存在两种处理方法。第一种即所谓的"一元论方法"。这种方法认为，一旦通过，国际法即自动成为国内法的一部分。另一种则是二元论观点，认为国际法必须通过立法程序才能转变为国内法。支持前一种方法的国家主要有美国和欧洲大陆国家，支持后者的国家有英联邦成员国家、爱尔兰和北欧国家。

中国法律和外交的基本原则之一就是尊重国际义务。到目前为止，中华人民共和国（简称"中国"）已批准了9个核心国际人权条约中的6个，且正在考虑批准其1998年即已签署的《公民权利和政治权利国际公约》。

在中国，所有国际条约都是按照颁布于1990年的《中华人民共和国缔结条约程序法》（简称《缔结条约程序法》）的规定和其他必要国内法律程序订立的。因此，中国作为缔约方签署的所有国际条约原则上都对中国的国内法具有约束力，但中国政府持保留意见的条款除外。

然而，中国目前的宪法和基本法律并没有任何关于国际条约法律地位及其在中国国内法律体系中等级的规定。

严格来说，即便在中国政府批准、加入或核准国际条约之后，国际条约也没有自动成为中国国内法的一部分，自然也没有自动具备国内法律效力。

中国宪法对于国际条约的一般国内地位问题没有作出规定，从而使国际条约在中国法律体系中的地位模糊不清。一些学者认为，这种沉默实际上将国际条约排斥在中国法律体系之外，另一方面，中国的大多数国际律师认为中国宪法确应明确澄清这一问题，但沉默并不意味着中国拒绝承认国际条约在国内法中的直接效力。其次，中国实际上有许多这方面的特定法律法规，不幸的是，这些法律法规都没有提供明确的答案，至少目前是这样。

2000 年生效的《中华人民共和国立法法》（以下简称为《立法法》）确立了中国国内法的等级体系。根据该法，中国宪法居于最高地位，其后依次为法律、行政法规、地方法规等。《中华人民共和国宪法》第 5 条第 2 款规定："一切法律、行政法规和地方性法规都不得同宪法相抵触。"尽管立法法并没有提到国际条约在中国国内法律体系中的地位，但它基本认同以下原则，即政府部门之间缔结的条约不应与更高级别的法律相抵触、政府或国家之间缔结的条约不得与宪法或基本法律相抵触等，除非立法机构对宪法或相关法律作了适当修订。

根据《立法法》第 8 条，全国人民代表大会及其常务委员会通过的法律应对所有重大事项具有排他性管辖权。这些重大事项包括但不限于国家主权、刑事犯罪和处罚、公民基本权利、非国有资产的征用、与民事、金融、税务、海关和贸易法律体系有关的其他事项、司法体系和仲裁等。因此，任何与上述事项有关的条约的批准或加入均应按照全国人民代表大会常务委员会的国内法律程序进行。比如，中国政府批准 1966 年《经济、社会和文化权利国际公约》和 1966 年《公民权利和政治权利国际公约》的行为就必须以全国人民代表大会常务委员会的决定为依据，而这两个国际公约的批准均要求中国对其国内法律作出必要修订。

在奉行一元论的美国，国际条约的直接适用也存在某些不同之处。美国被广泛视为"适度的一元论者"，因为那里批准的条约必须视为美国法律。然而，并非所有的条约都可以为美国法院直接适用，只有那些自动生效的条约才行。

在我的祖国葡萄牙，我长期担任我国政府在多个不同国际组织的代表，并就如何接受和订立国际义务同时又尊重我国的习惯法和法律原则为我国政府提供建议。此外，我还就如何以最佳方式履行上述国际义务为政府出谋划策，并就这些义务影响法官日常工作和决策的方式为法官提供指导。

和法国一样，葡萄牙也是一个欧洲大陆国家，在国际条约的处理上遵循着纯粹的一元论方法。根据法国宪法，国际条约和国际协定无需正式批准即可成为国内法律，且不区分自动生效和非自动生效协议，尽管两者都必须予以公布。

在葡萄牙，任何人在法院案件审理期间均可援引国际条约、国际公约或葡萄牙已加入并承诺遵守的其他任何国际法律契约，即使政府并没有通过任何法律要求法院必须遵守这些国际条约，因为葡萄牙遵循的是国际法的直接适用原则。

葡萄牙宪法规定，一般或普通国际法的规定和原则应构成葡萄牙法律不可分割的一部分。正式批准或正式通过的国际协议一旦正式公布，其规定即应作为葡萄牙国内法正式生效，而且，只要上述国际协议对葡萄牙具有国际约束力，这些国际协议即一直有效。

如葡萄牙就某一国际条约制定了国内执行法规，某一案件的审理法院、公诉人或公民可就国际条约规定的国际义务适用的缺失提出诸如国际条约适用不充分、不合法或违宪之类的异议。

如法院裁定任何规定违宪而不得适用或裁定适用诉讼程序中已就其违宪性提出质疑的任何规定，当事人可对该裁定向宪法法院提出上诉。

此外，根据葡萄牙宪法，对以含蓄或明确方式拒绝适用对葡萄牙有约束力的国际协议的终审法院判决，公诉人必须向宪法法院提出上诉。

中国宪法对国际条约在国内法律体系中的级别及其在国内法律体系中的适用保持沉默这一事实使法官的决策和判决更加困难，但遵守政府订立的国际义务对法官而言仍然非常重要，因为任何法律体系都无法在其一部分无视另一部分的情况下有效运作。

　　任何立法，无论是国内的还是国际的，都会受司法部门活动与需求的影响，在刑法领域尤其如此。

　　一个很好的例子就是国际和国内的法律体系都在努力改进其处理犯罪受害人的方法，都在寻找阻止犯罪分子获得非法财富的方式，同时又始终遵守国际社会确定的、各国都予以尊重的基本权利，如公平审判、无罪推定、财产权利等——这里只列举一点点。

二、犯罪受害人

　　直到最近，犯罪受害人基本上还是刑事案件中被忽视的当事方。同样，直到今天，刑事案件的称呼方式仍是"×州＋犯罪分子的姓名"，因为法院立案是针对危害全社会利益的罪行作出的反应。

　　这样做确实很重要，也很正确，因为法院对犯罪行为的反应符合整个社会的需求，特别是社会需要有凝聚力、需要尊重所有成员以实现完全运作的需求。只有在符合社会需求的情况下，诸如刑事判决及剥夺自由之类的极端反应才具有正当性。

　　但是，犯罪受害人个人也有需求。他们渴望正义。他们个人的法律权利可能因犯罪行为而受到影响，而在暴力犯罪情形下，他们的法律权利确实受到了严重、显著的影响。因此，他们希望能够进行申诉。

　　我也了解，在中国，和许多其他国家一样（尤其是亚洲国家），受害人及其家属会对法官和法律体系施加压力，以便对犯罪分子作出更严厉的判决。

　　但是，保护法院、公诉人和所有司法人员不受这种不适当、不可取压力的影响绝对是非常重要的。从情理上讲，这种施压行为可以理解，但它可能妨碍法律体系的正常运转，损害被告的合法权利，并最终损害人们对司法机构的信任，从而产生极其严重的后果。

被告不能通过贿赂免除公正审判作出的刑事判决。同样，犯罪受害人玷污、贿赂或威逼法律体系、从而使罪犯获得更宽松或更严厉判决的做法也是不可接受的，因为独立、公平、公正的证据审理以及法院基于证据作出的判决不允许这种情况出现。

1. 受害人的权利和利益

为受害人提供帮助非常重要。在欧盟国家，人们认为有必要就犯罪受害人的保护制定最低标准。

在葡萄牙，"犯罪受害人"被定义为因触犯刑法的作为或不作为行为而受到直接伤害（包括身体伤害和精神损害、感情痛苦、经济损失等）的自然人。

除欧盟法律之外［关于刑事诉讼中受害人地位的框架决定（2001/200，15/3）］，葡萄牙和欧盟这一超国家组织的其他所有成员国均制定或更新了自己的立法框架，以便尽量统一各自法律体系中旨在保护受害人的已生效措施，使得在国家和跨国层面，受害人均可获得相同水平的保护、知情权、赔偿权和司法参与权。

同样，欧盟成员国批准了受害人地位和主要权利方面的相似（共同）规定和惯例，尤其是以下权利：

（1）被尊重的权利；

（2）提供或获取信息的权利；

（3）听懂和被听懂的权利（如涉及移民的案例；在可能涉及两种或两种以上语言的跨国案例中也很重要）；

（4）在程序各阶段受到保护的权利；

（5）因在犯罪发生国以外的成员国生活不便而获得生活补助的权利（适用于跨国案件）

总之，法官应综合、协调考虑和处理受害人的需求，避免采用不完整或前后不一致的解决方案，以免受害人受到二次伤害（secondary victimization）。因此，法官不应只把受害人的利益放在正常刑事诉讼的背景下进行考量。刑事诉讼之前或之后为受害人提供帮助的措施——如获得赔偿的权利和适当情形下接受调解的权利——

也非常重要，因为这些措施能够减轻犯罪的影响。

2. 对受害人的尊重和支持

诉讼进行前后和进行过程中，专业服务机构和受害人支持团体的介入也非常重要。因此，应对那些接触受害者的人提供适当、足够的培训，这不仅对受害人非常重要，而且对诉讼目的的实现也非常重要。同时，还应利用好成员国司法体系或受害人支持团体网络之间的现有联络安排。

受害人支持服务机构或组织通常专注于为受害人提供刑事诉讼框架内与受害人权利相关的信息，为受害人提供诸如应联系哪个司法部门之类的指导，为受害人寻求法律代理，为有权接受援助的受害人提供援助，为受害人提供心理、情绪辅导（受害人因此更容易重新融入社会，并克服日常生活中因担心身体或财产受到伤害而产生的恐惧）和实际支持（如受害人因犯罪行为失去部分行为能力的情形）。总之，他们的角色就是为受害人提供辅导和鼓励，使受害人重新自立，成为独立、自主的社会个体和成员。

刑事案件中的调解旨在通过一位适格人员的调解，使受害人与罪犯之间协商谈达成解决方案。如罪犯明确认罪且受害人（如受害人死亡，则为其家属）同意，调解是可以进行的。调解是赔偿谈判的一种方式，也是为深受创伤的受害人提供支持的一种手段，因为它使受害人得以倾力承受因犯罪行为而产生的被冒犯感、气愤感、麻木感和丧亲之痛——这些都是人之常情。

此外，调解也是预防犯罪的一种有效工具，它能加深罪犯对自己行为影响的理解。

3. 知情权和受保护权

每一成员国都必须保证受害人从首次联系执法机构时开始即有权获得相关信息，以保护其利益不受损害。相关信息应以成员国认为适当的方式并尽量使用通用语言告知受害人。

这种信息①至少应包括以下内容：

（a）受害人可前往寻求支持的服务机构或组织的类型；

（b）受害人可获得的支持类型；

（c）受害人可以报案的地点和方式；

（d）受害人报案后的程序以及受害人在程序中的角色；

（e）受害人应如何且在何种条件下可获得保护；

（f）如果成为刑事诉讼的当事方，受害人在什么条件下可获得哪种程度的法律咨询或法律援助服务或与受害人在程序中的角色有关的其他任何咨询；

（g）受害人获得赔偿应满足的要求；

（h）若受害人是其他国家的居民，还应告知受害人可用于保护其利益的任何特殊安排。

如受害人表达了相关愿望，受害人还有权了解以下信息：

（a）受害人控告的结果；

（b）有助于受害人了解相关刑事诉讼进展情况的相关信息，但案件正常审理会受到影响的情形除外；

（c）法院的判决。

在被起诉或判刑的人被释放且对受害人造成威胁的情况下，法院可通知受害人，除非受害人明确声明不愿接收这种通知。

在有合理理由怀疑受害人及其家属将面临危险的情况下，受害人必须获得执法机构的足够保护。

4. 受害人系刑事诉讼当事方的情形

然而，在刑事案件框架内，受害人往往无法获得与诉讼当事方相同的地位。实际上，除充当证人的角色外，受害人还可（在情节较轻的案件中则必须）请求成为刑事诉讼的"助理"。

作为《葡萄牙刑事诉讼法》的补充，刑事诉讼"助理"的职责是帮助公诉人揭开案件真相。他们不如公诉人那么重要，但因其

---

① 第4条，知情权，欧盟理事会框架决定2001/220，2001年3月15日

受法律保护的利益被侵犯而获得合法的"助理"地位。

由于合法参与刑事诉讼，具有助理或证人地位的受害人可报销其参与诉讼产生的费用。此外，助理可聘请法律顾问，与公诉人一起开展诉讼。如受害人财务确实不足以支付律师费、诉讼费（成为案件助理意味着要缴纳 96 欧元的司法费用）和其他法律费用，法律援助机构可代其支付。

成为刑事诉讼的助理有助于受害人积极参与刑事诉讼的开展，因为受害人可积极提供证据、向法院提供诉状、请求法院就其他相关犯罪对被告进行同步审理、就自己认为不公正的最终判决向上级法院提出上诉等，而没有充当助理的受害人只能以证人的身份参与司法程序。

5. 对受害人的赔偿

在刑事附带民事诉讼中通常会判决赔偿，这就意味着，如果被告被判定有罪，受害人将有权取得赔偿。在葡萄牙，受害人在刑事审判中通常会附带（可以说是并行地）提起民事诉讼。

然而，不管刑事诉讼的结果如何，犯罪受害人都应有权就其所受伤害获得公平合理的赔偿。只有这样，受害人的境况及其受犯罪行为侵害的权益，才能在一定程度上得到补救。

给予犯罪受害人适当赔偿是所有法律体系都涉及的一个主题。几个国家已经采取各种各样的方式来确保这一目标的实现。在过去的 10 年左右时间里，这一领域已有了很大进展。

在大多数欧洲国家，如葡萄牙、爱尔兰和英国，尤其是法国、西班牙、荷兰，已经制定了全国性的计划为援助措施提供财政经费，对受害人进行赔偿和保护。它们的目标是，对刑事犯罪中受害人及其家属遭受的不公正行为进行某种程度上的救济。

在那些受害人能够对司法体系施加压力，以对被告处以比刑事诉讼中证据可以证明的合理判决更严厉的判决的法律体系中，这些措施具有特别重要的意义。

这些计划在西方法律体系中同样重要。如在被告通常没有资金对受害人进行合理赔偿的葡萄牙；或者在因没有足够证据证明被告有罪致使犯罪行为未受惩处的情况下；或者犯罪行为人未被发现，并已调查多年而犯罪行为仍未受到惩处的情况。

国家赔偿计划确保受害人知道，无论被告状况如何，也无论被告因刑事诉讼承受何种处罚，被害人的境况以及权益都能得到某种程度的救济。

如上所述，在葡萄牙任何犯罪的受害人均可在刑事诉讼中附带提起民事诉讼，要求赔偿各种损害，如财产损失、医疗费用等，以及由于犯罪行为导致的应得利益损失（比如：丧失劳动能力的受害人挣不到工资）。该损害也可以包括无形损害，如对受害人荣誉和名誉的损害、对受害人社会地位的损害，以及给受害人造成的精神损害（如恐惧症）。

然而，暴力犯罪的受害人不仅有权从被告人那里获得民事损害赔偿，还可以在其无法从被告人那里得到（全部或足额）赔偿且犯罪行为对受害人生命造成比较重大的损害时，从国家那里得到赔偿。

根据葡萄牙法律，国家赔偿计划中的"受害人"（也即符合赔偿条件的人），不仅仅是指直接遭受犯罪攻击的人，也可以是：

如果受害人死亡，则指受害人的家属；

所有因帮助或保护受害人免遭攻击，或协助当局防止攻击或制服罪犯而遭受损害的人。

在葡萄牙，任何遭到性侵害的受害人都将获得赔偿。如果暴力犯罪导致受害人出现下列情形，受害人也都将获得赔偿：

死亡；

完全丧失劳动能力或生产能力不如以前（由于身体或精神损害）的时间超过30天（含30天）。

单一案件可获得的赔偿数额上限为30000欧元。

赔偿请求必须在遭受侵害之日起的第一年提出；如果犯罪行为导致刑事诉讼，须在最终判决（有罪或无罪）下达之后的第一年提出。如果受害人在遭受侵害时未成年且其法定监护人没有代表其采取措施，赔偿请求可以在其达到法定年龄之后的第一年提出。在特定情况下，可以逐案审查，延展提出赔偿请求的最后期限。

有权决定上述事项的部门是司法部暴力犯罪受害人保护委员会。

6. 迁徙自由

在公民和劳动者享有迁徙自由的欧盟，这个问题需要一个公平的解决方案，不仅仅是在国家层面，而且要充分考虑到一个成员国的居民很可能在另一个适用不同法律规则的成员国受到伤害。

在幅员辽阔和人口数量庞大的中国，某个省份的民工有时却在距离本省非常远的地方工作，这个问题也提出了一个挑战。如果你负责过这样的案例，我会很有兴趣听一听。

欧盟所有成员国（根据2004年4月29日《关于刑事诉讼中受害人地位的框架决定（2004/80）》）都允许犯罪受害人在刑事诉讼过程中向罪犯提出赔偿要求。

同时，为了处理迁徙自由问题，所有欧盟成员国同意，无论犯罪行为发生在哪个欧盟成员国，犯罪受害人都有权获得赔偿。

欧盟①所有成员国都有全国计划，确保当一项故意暴力性犯罪发生在某一成员国，而该成员国非赔偿申请人的经常居住地国时，申请人有权向其经常居住地国的当局或任何机构提出申请。支付赔偿金的责任归犯罪行为发生地所属成员国的主管部门。

因此，像英国和葡萄牙一样，所有其他欧盟成员国都被要求在本国立法中向发生在本国的故意暴力性犯罪的受害人提供赔偿计划，并建立一项制度以利于跨国犯罪的受害人获得赔偿。

所有欧洲国家的国内计划都有些微差异，这从对上述分析的两种计划的比较中可以明显看出。但是，犯罪发生地所属国（地域管辖）的国家法律，将用来决定判决的赔偿，同时也是由该国的

---

① 欧盟委员会关于犯罪受害人赔偿的指令 2004/80，2004 年 4 月 29 日。

主管当局处理该事项。

无论犯罪发生在哪个国家，无论受害人或犯罪人的国籍属于哪个国家，也不论是否属于同一地区或民族，这项制度都将适用。

在刑事诉讼过程中，犯罪行为的受害人有权在合理期限内就罪犯作出的赔偿提出申请并获得一项判决，但在某些案件中国家法律以另外一种方式提供赔偿的情形除外。

将采取可能的措施鼓励罪犯向受害人提供足额的赔偿。

同时，除非刑事诉讼急需，在刑事诉讼过程中查封的属于受害人的可收回的财产，应立即归还受害人。

三、受害人赔偿计划：查封与没收

但是为受害人赔偿计划提供财政支持的最佳途径是什么？有效利用犯罪资金。通过该种方式，我们可以利用没收的犯罪财产来资助受害人。

大家知道，犯罪不应该有利可图。不幸的是，犯罪是有利可图的，但这是不应该的。

与没收犯罪所得的赃款赃物相比，死刑的威慑力没有得到确切验证。没收和返还犯罪资产是打击在本质上由利益驱动有组织犯罪的一种非常有效的方式。英国内政部 2007 年针对非法毒品交易案件进行的一项研究表明，罪犯认为没收财产是一种严重的威慑。

我在此主要列举严重的犯罪，例如：

贩卖毒品

贩卖人口

对成年人和儿童的性犯罪，包括猥亵儿童

影响恶劣的贪污和非法交易

为恐怖活动提供资金

走私军火

洗钱

成为犯罪团伙或恐怖主义组织的成员

为了破坏有组织的犯罪活动，使罪犯丧失犯罪的赃款赃物是非常重要的。有组织犯罪团伙建立了大规模的国际网络，通过各种犯罪活动积聚大量财富。其犯罪所得经洗钱后回流到合法经济活动中。

金钱是所有有组织犯罪的核心。金钱所能带来的生活方式和地位是大多数罪犯的主要动机。正如合法商业需要资金来维持一样，有组织犯罪也是如此。没有现金流，交易就无法进行，人们就无法获得利益。正是由于这些原因，相比牢狱生活，许多有组织的罪犯更加害怕对其资产和生活方式进行打击。

因此，没收财物可以同时起到以下作用：

(1) 刑罚；

(2) 通过证明犯罪不会得到利益，来预防犯罪；

(3) 通过没收非法所得和阻止非法投资，对其下一步的犯罪活动起到威胁作用；

(4) 通过减少不公平竞争和保护对金融体系的信任，保护合法社会，避免社会腐败，保护适当的市场经济机制。

中断现金流使商业交易无法进行，使罪犯之间相互欠账，制造紧张气氛，使犯罪计划瘫痪，所有这些将降低他们继续交易的能力。

没收犯罪所得使得执法可以针对"犯罪头目"，这些头目极少被调查及起诉。例如，在毒品案件中，被抓并被起诉的经常是情报员，而非他们的头目。

国家反洗钱机制及在这一领域国际合作的有效性是最为重要的。甚至在犯罪所得已经成功被洗时，通过金融机构及其调查，仍可以识别、查封和发还有组织罪犯的资产。因此，应该扩展没收。

然而，即使没收有这么多的优势，法院、检察院和警察机关仍觉得传统的没收效果极其有限。由于在过去大约 15 年中的实践经验，国际立法和国家立法已经随着他们的引导而有所改变。

没收是被判入狱和死刑比其他各种防止或打击犯罪的形式威慑力小的完美例证。

现今，没收不仅仅是一种刑罚，在某些案件中，它没有刑罚之名却有刑罚之实。例如，在法律术语上，它以民事追缴或税收的形式呈现。

查封和没收犯罪财产、犯罪工具和犯罪所得，对于证明国际法对一家法院日常运转的重要性而言是一个非常好的例证。在大多数情况下，有组织犯罪并不局限在一国边界内而是同时进行在多个国家实施犯罪行为。

该领域主要的国际公约有《联合国打击跨国有组织犯罪公约》①（也称《巴勒莫公约》）、《联合国打击非法贩运毒品公约》、《联合国反腐败公约》、联合国《制止向恐怖主义提供资助的国际公约》，仅以这些为例。在欧盟框架内有几个其他的公约。

这些国际性文件已经推动各个国家的立法者转向拓展没收这一首先被普通法系国家所采用的措施。

从传统上讲，没收被界定为一种刑罚或措施，由法院根据刑事犯罪的诉讼程序作出，用以最终剥夺被证明是犯罪人被定罪之犯罪的工具或收益。

如同任何其他刑罚一样，没收与人权及其基本应用有关。但是，因方便的迁移而获益的全球性刑事犯罪活动的出现正迫使实践发生改变。很明显，在这样的情况下，国际司法合作极其重要。

因此，一些国家已经或正在采取措施从没收转向范围更广的罚没。这意味着没收的对象，不仅仅是指一个人在特定犯罪活动中因之被宣告有罪的犯罪工具和直接获益，而且扩展至包括如下内容：

源于嫌疑人任何非法活动的任何其他财产，甚至，

其价值与已决犯的合法收入不相称的任何财产。

---

① 中国于 2003 年 9 月 23 日批准，葡萄牙于 2004 年 5 月 10 日批准，英国于 2006 年 2 月 9 日批准，爱尔兰于 2010 年 6 月 17 日批准。

这些财产不仅应当包括那些嫌疑人拥有的财产，而且应包括与被调查人关系最密切的人所获得的财产，以及（独自或者与其关系最密切的人共同）转移给与其有关并受其控制的某一法人的财产。如果相关人接受该法人收入的很大一部分，将同样适用。

很明显，对于这些将要采取的措施，相关主管国家法院必须确信涉及的财产来源于被定罪人的犯罪活动。然而，这些措施可用于民事程序，甚至可向税务机关求助。

这些财产的没收必须要求有一个时间表，不能距定罪时间或非刑事案件的诉讼时间太久。

扩展的没收对下列人权有严重影响：

（1）无罪推定；

（2）公平审判；

（3）疑罪从无原则；

（4）财产私有权。

所有法系在本质上都是比较传统的，习惯于遵循自己的传统，无论是死刑的应用，还是在放弃其司法架构中某种可感知的基础时存在的困难。葡萄牙法律即是如此，但当有强烈且正当的理由时，适时做出改变是非常重要的。

对于葡萄牙和西班牙而言，这意味着，研究机构的主要问题在于撤销举证责任，及其对被调查人使用疑罪从无原则和无罪推定原则有何影响。

因此，葡萄牙目前已经实施了扩展没收的措施，但仅仅适用于刑事诉讼，这与普通法系将扩展没收适用于民事案件甚至征税程序是不同的。

此外，扩展没收可能只用于本人前面所列的严重犯罪的诉讼，且涉案资产必须应归或者已经属于被告人、被告人家属或者第三方（从被告人处无偿获得财产或获得不成比例的极少数量财产的人），或处于其控制或影响之下的法人，但从诉讼开始之日起不超过5年。

当然，被告人有权证明其财产为合法取得，并要求予以返还。

因此，该制度并不违反非有其他证据将被做无罪推定的权利。因为举证责任仅适用于财产的来源，其合法所有人应能够容易地（比执法机关更容易一些）证明其对财产的合法取得。

同时，诉讼过程中采取的任何决定都可以寻求司法救助。

四、结论

国际人权法律以各种各样的方式影响着法律体系。

与国际组织相比，国家政府部门有时要花费很长时间去辨别执法的各种需要。因为国际组织不受国家传统习惯的约束，也不存在于一个统一的法律体系中变更立法的种种困难。

国际公约或条约中所列明的公认的基本权利因其发挥的作用而继续存在或被不断确认。没有这些权利，司法制度就无法赢得公众的信任。如果人们认为通过司法救助不能获得令人满意的问题解决方案，他们就将寻找替代方式（通常是不合法的）去弥补其真正的或感知的不公正。

无论在给定的时间内沿着熟悉的路径继续前行是多么的容易，我们都必须不惜一切代价对生命权以及所有与受刑事诉讼程序影响的人相关的权利予以尊重和保护。或许我们应该记住诗人罗伯特·弗罗斯特，他呼吁我们另辟蹊径，这一点关系重大，尤其当一个人生命危在旦夕之时。

基于对人权的尊重，许多国家已经或正在经历经济和政治上的快速发展，并正在迈向成熟的和谐社会。

十七、刑事案件中的
被害人参与问题

［英］米歇尔·麦提亚（Michael Mettyear）、
［爱尔兰］肖恩·达西（Shane Darcy）

米歇尔·麦提亚大法官发言：

我们法律结果只关心某些人，而忽略了另一部分人的利益。在刑事审判程序中，受害者的抱怨最多，主要是因为他们没有得到足够多的案件信息，甚至得不到关于案件进展的任何信息。英国警察有及时通报案件进展及量刑的义务，通过这样的工作，让受害者感到满意。

接下来是庭审中的受害者地位问题，主要涉及作证。受害者在作证的时候，应当让他们感到舒服和安心。过去在交叉询问后，证人随即离开，我们发现证人非常害怕这一过程。主要原因在于在场的人太多，而且很多都是他们不了解的人，警察们甚至还带着枪，法官们也带着假发，非常吓人。这使得他们在法庭上表现得很焦虑，言语表达不清，作证的效果也很不好。

儿童作为证人是最容易受到影响的。这种情况也很难处理，我们一般是采用播发录像的方式进行作证的。我们要尽量地表现出亲和力，把他们安置在一个精心布置、堆满玩具的房间里，通过视频连接询问，而不把他们带上法庭。通常来说，孩子们都表现得很放松，效果也非常好。当然，对成年受害者也可以采用这种形式。有的法官在作证前会询问证人，让他们自行选择作证的方式，如视频连接，或是放置一个屏风，从而使被告无法看到被害人，等等。他们还会询问被害人是否害怕枪支或假发，并在需要时撤掉这些东西。不过，小孩子则是恰恰相反，他们通常非常喜欢这些玩意，认为很新鲜。

接下来是对受害者的补偿问题。一般而言，谋杀案都会留下无劳动能力者。有些国家处理得不错，英国则有如下两个选择：

被告人有钱、房产或汽车的情况下，我们有权剥夺这些资产，还可以对被告的银行资产、地产进行调查，并有能力拿到所有的钱，对受害者或其家属进行补偿。

要是有的被告人一贫如洗，一分钱也赔不出该怎么办？这就需要国家出资建立赔偿制度——犯罪伤害赔偿委员会。任何受害人都有权提出赔偿的申请。当然，该委员会的资金并非源源不断，有经济方面的限制，即一个封顶数额。但至少也有几千英镑，能够解决很多实际问题，对被害人及其家属有强烈的慰藉作用。

肖恩·达西博士发言：

我们应当研究如何满足被害者的需求，才不会受到二次威胁。英格兰和爱尔兰类似，受害者的权利在各个阶段都规定得很详细，比如隐私保护、医疗方面的权利等。而且，受害者的权利保护应当不限于庭审本身，最后都应当涉及，被告人刑满释放出来后会对受害人有何影响。

就传统而言，受害者是不参加庭审的，他们在一定程度上被视为控方的协助者。受害者仅仅影响陈述，即在量刑决定作出之前，陈述犯罪行为对自己的影响，这些事实法官在量刑时会加以考虑。受害者和司法制度总会有矛盾，是否将他们也作为起诉的一方，是今后需要研究的问题。

当然，受害人有时候会因为悲痛、愤怒等提出超出事实的证据，或是提出更多的要求。这对于法官的挑战更大，但我们绝不能让被害者或其亲属的情感左右正义。毕竟，有的受害人要求严惩罪犯，有的则更加仁慈一些。法官要是跟着受害者的要求变来变去，判决将会严重不统一，这根本不是正义！因此，法官不能什么时候都满足受害人的要求。

被告人对受害人进行赔偿，是量刑时从轻的考虑。在爱尔兰，受害人还可以提起民事诉讼的要求，即使刑事程序不定罪，民事程序仍可能获取赔偿——因为其证明标准更低一些。受害人也可以要求补偿。政府为什么会有钱进行补偿呢？这主要是因为没收犯罪资产的缘故，犯罪资产局再将这些财产补偿给受害人。在国际法上也有类似的规定。

（会务人员根据现场记录整理）